奇譚百物語
鳥葬

丸山政也

竹書房
怪談
文庫

目次

一　シュークリーム

主婦のN子さんの話である。

十年ほど前のある日、以前の職場の同僚が家に遊びに来たという。

手土産《てみやげ》を渡されたが、見ると最近駅前にできたケーキ店の箱だった。

礼をいって開けてみると、美味しそうなパイ生地のシュークリームがぎっしりと入っている。

ひとつずつケーキ皿に取り出し、コーヒーを淹れて、昔のことを色々話しながらふたりで食べた。

二時間ほどいて同僚は帰っていったが、夕方になって高校生の息子が部活から帰ってきた。おなかがへったといって冷蔵庫を開けると、

「あっ、これ駅前のケーキ屋のだよね。食べてもいいの」

そう訊いてきたので、

「シュークリームだけど、夕飯の前だからひとつだけよ」

そうN子さんは答えた。

すると、箱を開けた息子は、

「なにこれ、こんなの食べられないよ」

そういうので、なにをいってるの、と見に行ってみると、残りのシュークリームすべてが、まるで手で潰したようにペチャンコになって、なかのクリームが外に飛び出している。

そんなはずはない。いったいどうしたら、こんなふうになるのか。

するとその日の夜、昼間遊びに来た同僚の夫から電話があった。

妻が帰宅途中に交通事故に遭い、つい先ほど病院で亡くなったと告げられたそうである。

二　回覧板

中部地方の街に住むRさんの自宅の隣に山小屋風のロッジが建っているという。

その建物は都内でアパート経営をしている男性が別荘として使っていたが、時折来ては三週間ほど滞在して帰っていく。Rさんからしてみたら悠々自適な生活ぶりに見えたそうだ。

年齢は六十歳をいくつか過ぎたくらいだが、独身で、いつも大きな犬——ゴールデンレトリバーを連れて来るのだった。強面《こわもて》で愛想もあまりないが、犬を可愛がるときだけは顔をくしゃくしゃにして撫で回していたそうである。

その日、Rさんが買い物に行くため外へ出ると、久しぶりに隣家の男性が来ているようで庭の手入れをしていた。

家の周囲には低い塀があるので、そのなかで犬は放し飼いにされていたが、主人のすぐ横で腹を地面につけて眠たそうにしている。

こんにちは、とRさんがいうと、手を止めて、いつものように軽く頭を下げてきた。

外出から戻ると家のポストに回覧板が入っている。

眼を通した後は次の家に回さなければならないが、隣家の男性が来ていないときは、順番をひとつ飛ばした家に持っていく必要があった。しかしその日は来ていたので、隣家のポストに投函しておいた。

それから二日ほど経った日のこと。

隣家の前にスーツを着た男性がふたりほど立ちながら、声を潜めてなにか話し合っている。どうしたのかと思って声を掛けると、彼らは不動産屋とのことで、この家の持ち主が病死したため親族が売却の手続きを進めているというのだった。

そんなはずはない。つい数日前に家の前で挨拶を交わしたばかりなのだ。

そのことを告げると、男たちは妙な顔をして、

「亡くなったのはひと月も前なのだから、おそらくひと違いでしょう」

そういうので、Rさんは吃驚してしまった。

いわれてみればいつも車で来ているはずなのに、駐車場にはなにも停まっていなかったのだ。それに飼っていた犬も、数日前に老衰で死んでしまったと、前回来たときに力を落とした様子で語っていたことを思い出した。

すでに隣家のポストに回覧板を投函してしまっていたが、ダイヤル式とあって一度入れてしまうとこちらで開けることができない。

ひとつ飛ばした家にそのことを伝えに行くと、隣家の男性が亡くなったことにひどく愕

いた様子だったが、回覧板ならもう家にあるという。

一昨日の夕方、自宅のポストになにか入った音がしたので見に行ったところ、回覧板が投函されていたというのだった。

三　白布

主婦のK子さんの話である。

四年前のこと。

明け方にふと目覚めてしまい、枕元のスマートフォンを手にとって眺めていたところ、画像フォルダに見覚えのない写真が二枚ほどあった。

なんだろうと開いてみると、布団に横たわったひとが顔に白布を掛けられている写真だった。

これは亡くなったひとではないのか。

俄かに一昨年《おととし》他界した祖父の通夜のことをK子さんは思い出した。が、いくら身内とはいえ、故人のそのような写真を撮影した覚えはない。たとえ撮っていたとしても、フォルダ内の一番新しいところにあるのもありえない話だった。

その次の写真を開くと、顔を大写しにした一枚だった。といっても布をかぶっているのだから、どういったひとなのか、はっきりとしたことはわからない。

いったい、これは誰の写真なのか。ドラマの場面かなにかだろうか。もしかしたら家族の誰かが勝手にスマートフォンでテレビの映像を撮ったのではないか。

しかし、液晶画面を撮ったような不自然さはまったくなく、実際の被写体をレンズで撮影したようにしか見えない。それにスマートフォンは常に肌身離さず自分が持っているのだから、そのようなことはできるはずがなかった。

「一応、家族にも訊いてはみたんです。でもみんな、そんなことするわけないでしょって。結局、誰だったのか今でもわからないままなんです。男か女かさえも」

夫が葬儀関係の仕事をしているので、それがあの写真と関係している気もするんです——。

そうK子さんは語る。

四　ＡＴＭ

Ｔ子さんが初めて訪れた街で買い物をしているとき、Ｙ銀行に振り込みをする用事があったことを思い出した。

ネットバンキングは登録していないのでＡＴＭを探す必要があるが、どこにあるのかわからない。近くの店員に尋ねると、三百メートルほど先にＹ銀行のＡＴＭがあるということだった。

急いで行ってみると、たしかにその場所にあったが、ひどく小さな箱型のＡＴＭで、公衆電話のボックスほどの大きさしかない。なかの機械も一台のみと思われ、しかも先客がいるようで、パンプスを履いた女性の足元だけが見えている。

仕方なく扉の前で待つが、なかなか出てこない。そうしている間にも当日中に手続きが反映される十五時を過ぎてしまいそうだった。

もしかしたら操作でなにか困っているのではないかと、早くしてもらいたい一心で、ＡＴＭの扉を開けてみた。

あのう、といいかけたところで機械の前には誰もいないのがわかり、愕きのあまり言葉を失った。

しかし、そうしている間にも時間が迫っているので、慌ててタッチパネルを操作して振り込みを終わらせた。ボックスの外に出て振り返ってみると、やはりパンプスを履いた女性の足が見えているので、急いでその場を離れたという。

五　ビアガーデン

八年前、Hさんは商業施設を運営する会社に新入社員として入社したという。

しばらく経った頃、施設の屋上で開催されているビアガーデンで歓迎会が行われることになった。

当日、仕事を終えた者たちが次々と屋上に集まってくる。まだ働き出したばかりだが、わからないことがあると職場のひとたちは親身になって教えてくれるので、いい会社に就職できたことを感謝していた。

ビアガーデンはバイキング形式なので食べ物や飲み物を自分で取りに行く必要があった。新入社員の歓迎会だが、皆すでに飲み始めていて、顔を真っ赤にしている者もいる。

「H君も早くお酒を持ってきなよ」

そういわれてバーカウンターに向かったが、ビールサーバーが置いてあり自分で注ぐようになっていた。初めてなのでうまくできるかわからなかったが、とりあえず操作してみると予想通りジョッキのなかは泡しか入っていない。

すると、脇から背の高い痩せた男性が顔を出してきて、「ちょっといいかな」と巧みに操作してビールを注いだ。その液体と泡の分量が理想的なので思わず、「上手ですね」と

いうと、男性は笑いながら、

「うん、こうやってジョッキを傾けながら――」

と、やり方を教えてくれた。その通りにやってみると、Hさんもうまく注ぐことができたので、思わず、おおっ、と感嘆の声が漏れた。

男性は見たことのない顔なので、同じ会社のひとかと尋ねてみると、まあね、とただそう答えただけだった。

それから一時間ほど経った頃。

Hさんは喧騒から離れて、夜風に当たりながらひとりで飲んでいた。

歓迎会にかこつけてみんなお酒を飲みたいだけなんだよな――と、そんなことを考えながら街のネオンを眺めていると、つい先ほどバーカウンターで会話を交わした男性が落下防止用の鉄柵の向こう側に立っている。

そんなところにいたら危ないだろうと、Hさんは立ち上がって声を掛けようとした。

すると男性は、Hさんのほうにゆっくりと振り返り、右手のジョッキを高く持ち上げて、「乾杯」の仕草をする。慌ててHさんも同じようにやろうとした瞬間、男性は仰向けの姿勢で地上に落下していった。

吃驚《びっくり》してすぐに鉄柵に駆け寄るが、真下を見ることができない。よじ登ったら自分も落ちてしまいかねないので、エレベーターを待つのももどかしく、一目散に階段を駆け下りて一階のエントランスから外に出てみた。

が、どうしたことか、男性が落ちたであろう場所には特になにも起きていない。帰宅途中の会社員や学生たちが駅に向かって歩いているだけだった。

あの高さから落ちたのなら間違いなく死んでしまっているはずで、悲惨な現場を目撃することを覚悟していたHさんは、不思議に思うのと同時に、なにか肩透かしを食わされたような気分になった。二十分ばかり屈んでみたり植栽のところを見たりして探し回ったが、やはりどこにも男性の姿はなかった。

ビアガーデンに戻って、直属の上司に今起きた出来事の一部始終を話してみた。

酔って幻覚でも見たんだろうといわれるものと思っていたが、上司は笑いもせず真顔でそれを聞きながら、それはどういう風貌の男だったか、と尋ねてくる。

顎《あご》の下に大きなホクロがあって背が高く痩せている、とまで話したとき、やっぱり彼か、と呟くようにいった。

「もう二年になるかな。病気で亡くなった社員がいたんだよ。今、君がいった通りの特徴の男でね。後輩の面倒見のいい、気さくなやつだったな。みんなで楽しそうにやっているから、うらやんで出てきたのかもしれないね。それにしたって、飛び降りることはないだろうに」
琥珀《こはく》色の液体をちびちびと舐めながら、上司はそういったそうである。

六　ファームステイ

Uさんは数年前に会社を辞めて、農場体験をしながら英語を学ぶファームステイをするため、アメリカのノースカロライナ州に渡ったそうだ。

ステイ先は広大な牧場を経営する家で、語学学校のないときは簡単な牧場仕事を手伝うことになっていた。

このときのために何年も掛けて英語を勉強してきていたので、学校の授業は特に困らず、ホストファミリーも善良なひとたちばかりで充実した日々を送っていたという。

そんなある日、Uさんが牛の乳しぼりをしていると牧場の敷地のなかを、カウボーイハットをかぶった老齢の男性が歩いている。

すでにそこに滞在して二週間以上経っていたが、見たことのない顔だった。俳優のチャールズ・ブロンソンに少し似ているが、やはり知らないひとなので、いったい誰なのだろうと思った。

その老人の歩き方が少し妙だった。

Y字型になった木の枝を鳩尾《みぞおち》の辺りで持ち、躯《からだ》が揺れないように両肘を脇につけて慎重に歩を進めている。

それも牧場のなかをいつまでも右往左往しているので、なんのためにあんなことをしているのかと不可解に感じた。

仕事を終えて片付け始めると、いつのまにか老人の姿は見えなくなっていたが、先ほどまで手にしていた木の枝がUさんの近くに落ちていた。

それを屈んで拾ったとき、牧場主の男性がやって来たので、つい今しがた見た人物のことを話してみた。

すると愕いたような顔をして、Uさんが手にしているY字型の木の枝を何度も指差しながら、

「カウボーイハットの老人はその枝を持っていたんだろう。おいおい、それは俺の死んだ祖父《じい》さんだよ。君はダウジングって知っているかい。……ああ、針金のようなもので水脈とか鉱脈を探る方法だが、昔はこういう木の枝でやっていたんだよ」

牧場主の話によると、祖父はこの辺に金脈があるのだといって、敷地のあちらこちらを暇さえあればダウジングしていたというのだった。

もちろん金など一粒も出てこなかったが、七十歳で亡くなるその日まで探し続けていたそうである。

七　落水荘

建築家のDさんの話である。

十年ほど前、Dさんは長年の夢だったフランク・ロイド・ライトが設計したカウフマン邸、通称「落水荘《らくすいそう》」を見るためにアメリカへ旅行したという。

ピッツバーグ空港を降りるとレンタカーを借りて二時間ほど運転し、山道を上がっていく。看板を見つけ、車を停めて歩きだしたが、野生のシャクナゲや落葉樹の木立が美しく、燦々と降り注ぐ陽光や爽やかな風が行き渡っていて、山のなかだというのに鬱蒼とした感じは少しもなかった。

落水荘は二十世紀に建てられた住宅のなかで最も重要なひとつとされ、Dさんが建築の道を志すきっかけとなった建物でもあった。

自然の滝のうえに家屋を建てるという有機的なデザインが特徴だが、なによりも眼を惹くのは、瀑布もさることながら川にせり出すように建つリビングルームと大きなテラスだった。

そのキャンティレバー構造を実際に見ることが学生時代からの夢だったのである。

この家はピッツバーグの百貨店オーナーである富豪エドガー・カウフマンの別荘として

建てられたが、当初は地形上や構造面など様々な問題があり、反対を唱える関係者も多かったそうだ。しかし今となっては、それがこの傑作モダン住宅の魅力にもなっているのだった。

建物を間近に見ると年月を経た様子はあるが、管理が行き届いているためか、そこまでの古さは感じない。もっとも、それは今見ても斬新な意匠のためかもしれなかった。なにより、これまで写真でしか見ることのできなかった風景がすぐ眼の前にあることがとても信じられなかった。

六十五ドルの内覧ツアーは十名ほどの人数だったが、殆どがアメリカ人かヨーロッパからの旅行客で、アジア系はDさんひとりだけだった。

ガイドの後ろをぞろぞろとついて行く。

リビングルームに入った瞬間の感激といったら筆舌に尽くしがたいものがあった。写真撮影もできるというので、Dさんは持ち込んだカメラで端から写真に収めていく。暖炉の前の床には天然の玉石がそのまま利用され、それ以外の場所も大きな平板石が一面に張られている。自然石を積み上げた壁の凹凸《おうとつ》や、天井は思ったよりもだいぶ低いが、それは視線をテラスのほうに向けるためだという説明を聞き、なるほどと深く感心するのだった。

――と、そのとき、窓のほうを見たDさんの視界にひとりの女性の姿が映った。

それはやはり明るい髪色をした西洋人のようだが、なにか妙な違和感をおぼえた。なぜだろうと考えたが、女性の格好があまりにも軽装で、ツアー客らしくないためと思われた。多くの者がショルダーバッグを肩に掛けたり、カメラを首から下げたりしているが、その女性はなにも持たず、いわばそこに住んでいるように佇んでいるのである。ガイドがなにか説明していても聞いている様子がまったくない。連れの者がいるようにも見えなかった。リビングから主寝室、カウフマンの書斎兼寝室、それにカウフマン・ジュニアの書斎など移動する先にその女性はいた。ここを管理している関係者のひとだろうかと思ったが、考えてみたら女性が歩いているところを一度も見ていない。それなのに先廻りしたようにいるのは不可解だった。

そしてテラスに出て、外を眺めたとき。

ライトが造ることを反対したというプールが眼下に見えたが、愕《おどろ》くことにそこで泳いでいる者がいる。そんな季節ではないし、水面には落ち葉などがたくさん浮いているのだ。眼を凝らすまでもなく、それは水着姿の女性で、しかも先ほどから彼が気になっていた人物に間違いなかった。

しかし、どれだけの時間が経ったというのか。ほんのわずか眼を離したすきに地上のプールまで下りていって水着に着替え、プールに飛び込むなどとても人間業とは思えない。トイレに行くふりをしてツアー客から離れ、彼はプールサイドまで下りてみた。

しかし、不思議なことに誰も泳いでなどいなかった。


帰国後もあの不思議な女性のことが頭から離れなかったが、ある日、落水荘について調べているとき、海外の新聞の記事を見て、愕きのあまり声をあげそうになった。

それは落水荘に幽霊が出るというもので、記事によれば、深夜に警備員が見廻っていると白いナイトガウンを着た女性がリビングに物憂げに立っていたというのだ。格好こそ違うが、自分が見た女性と似通ったものを感じ、俄《にわ》かに怖気だった。

幽霊はカウフマン夫人と思われるとのことだが、夫の度重なる浮気を気に病んで睡眠薬の過剰摂取で亡くなった——つまり、自殺したというのである。

それを知り、Dさんは更に肌が粟立つのを感じたという。

これはあまり知られていないことだそうだが、落水荘から百メートルほど離れたところにはカウフマンと夫人が埋葬されている家族廟《びょう》があるそうだ。

また息子であるカウフマン・ジュニアはアメリカのデザイン振興に多大な役割を果たしたが、死後、遺灰は落水荘の周りに撒かれたそうである。

八　蚊帳

公務員のFさんの話である。

今から四十年ほど前のこと。

夏休みのある日、父方の実家に帰った際、家族全員で泊まることになった。

父の実家は里山といっていい田舎の村で、民家もぽつぽつとある程度、周囲は畑と田圃《たんぼ》しかないような土地だった。

Fさんは弟と一緒に離れの客間に寝ることになったが、布団の周囲に蚊帳《かや》が吊ってあった。

そのなかで寝るのは初めての経験である。真っ暗にして寝るのは不安なので、オレンジ色の常夜灯は点けたままにしておいた。

親戚の子どもたちとたくさん遊んだので眠いはずだが、蛙《かえる》の鳴き声があまりにうるさく、なかなか寝つくことができなかった。横を見ると、昼間の疲れのせいか、弟は静かな寝息を立てている。

どれくらい経った頃だろうか。

部屋のなかに誰かがいる気配を感じた。母親か親戚の伯母さんが様子を見に来たのかと思ったが、そういう感じではない。蚊帳の外をせわしなく何度も廻って、隙あらばなかに入ってこようとしているようだった。

いったい誰なんだろう。

薄暗いのと蚊帳のためによく見えないが、少し年老いた男に見える。Fさんの父親ではないし、伯父よりはもっと年嵩がいっているようだ。――と、そのときである。

男は顔を蚊帳に押しつけ、ぐわッ、と近づいてきた。Fさんとの顔の距離は三十センチもない。が、もしそうであれば蚊帳は大きく揺れるはずだ。顔を押しつけた部分だけが異様な感じで伸びているようだった。

思わず恐怖で身を縮める。

どこかで見たことのある顔だが、誰なのか思い出せない。しばらく布団のなかで震えていたが、知らぬ間に深い眠りに落ちていた。

翌朝目覚めると、すぐに大人たちのところへ行き、昨晩の出来事を話してみた。両親をはじめ、伯父や伯母も離れには行っていないといった。

しばらくして伯父が、

「お前が見たのは死んだ祖父さんだったんやないか。盆だから家に帰ってきてるんやな。おお、孫が大きうなっとるなって、愕きながら見とったんやないかな」

笑いながらそういったが、Fさんはどうしても腑《ふ》に落ちなかった。

祖父は幼い頃に亡くなっているので殆ど記憶にないが、伯父の家の仏間に遺影の写真が飾られているので顔は知っていた。祖父が亡くなったのは八十歳を優に超えていたはずだし、腰が曲がっていたと聞いていた。そのことからも、自分が見たのは断じて祖父ではないと思ったのである。

では、あれはいったい誰だったのか。

胸にわだかまりを抱えたまま帰路に就いたが、その車中で突然、脳裏に閃くものがあった。

蚊帳に顔を押しつけてきた人物。

あれは二年前に数ヶ月間だけ担任だった老教師ではなかったか。

先生は定年間近だったが、体調を崩して、担任はおろか教職も辞めてしまったのだ。

今はどうしているのか知らないが、考えれば考えるほど、あれは先生だったとしか思えない。しかし、そうだったとして、なぜ伯父の家なんかに現れたのか。まったくもって意味がわからない。

もしかして、先生になにかあったのではないか——ふと、そんなふうに思い、友人たちに電話して、先生の近況について尋ねてみたが、知っている者は誰もいなかった。

夏休みが終わり学校へ行くと、説明もなく一枚のプリントが配られた。

それに眼を落とすと、以前クラスの担任だった先生が、数週間前に病気で亡くなったことが簡単に記されていたという。

九　クロカン

Dさんはこれまで交通事故に二回遭ったという。

普通に生活していても、人生に一度や二度はそんな目に遭うことはあるかもしれない。しかしDさんの場合、話は異なる。愕くことに事故の相手は二度とも同じ車だったというのだ。

最初はDさんが軽自動車に乗っているときだった。

見通しの良い幹線道路を制限速度で走行中、脇道から来た車が一時停止を無視して入ってきた。ぶつけられたDさんの車は相手の勢いに押される形となり、路側帯のポールに突っ込んで止まったが、外に出るまでもなく廃車になるだろうと思われた。

幸い大きな怪我はしていなかったが、右の後ろから当てられたので、首の辺りに違和感があった。

相手の車は国産の白い4WD車で、いわゆるクロカン、最近ではSUVと呼ばれている車種だった。頑丈にできているのか、Dさんの車は大きく凹《へこ》んでいるのに、相手の車は殆どダメージがないようだった。

車から降りてきたのは小さな子どもを乗せた二十代後半ほどの女性だったが、素直に自分の非を詫び、その後の事故処理の手続きも滞りなく行われた。

しかし、首にあった違和感が日増しにひどくなってきたので、病院に行くと頚椎捻挫《けいついねんざ》と診断され、半年ほど整形外科に通うことになった。

事故の傷も癒えて、三年ほど経った頃のこと。

その日は恋人と一緒に繁華街で買い物をして歩いていた。

朝から雨が降っていたが、ランチをしている間にやんだようで、空には晴れ間がのぞいている。映画を観に行こうということになり、交差点に立っているとき――。

信号待ちをしていた車が急発進した。と思ったら、ものすごいブレーキ音がして次の瞬間、スピンをしながらDさんたちのほうに向かって飛んでくる。そこから彼の記憶はブラックアウトし、目覚めると病院のベッドのうえに横たわっていた。

全身を強く打ったために躯のあちこちを骨折していたが、幸運にも命に別状はないようだった。一緒にいた恋人には車はぶつからなかったようで、終日、彼の傍についていてくれたが、はらはらと泣いてばかりいた。

数日経った頃、事故の加害者が見舞いにやってきた。

三十代ほどの真面目そうな男性で、Dさんが無事だったことに心底安堵しているようだった。話してみると気さくな人物で、地元が同じであることがわかると、満身創痍であるにもかかわらず、共通の話題で盛り上がった。

いろいろしゃべっているうちに事故を起こしたときの話になったが、男性は急発進をしたつもりはなく、普通にアクセルを踏んだのだという。それがあんなふうに制御できない動きをしたので慌ててブレーキを踏み込んだところ、スリップを起こしたというのだった。

Dさんの記憶はおぼろげだったが、なんとなく男性の車が白いクロカンだったような気がしたので車種を尋ねてみると、愕くことに以前事故に遭った車とまったく同じものだった。

二年ほど前にこの近くの中古車屋で購入したというので、もしやと思ってナンバープレートの番号を尋ねてみると、携帯電話に残っていた以前の事故現場写真に写っている車のナンバーと同一だったので、思わず言葉を失ったという。

「二度あることは、なんていいますから、またあの車と事故を起こすような気がして仕方がないんです。三度目の正直で今度こそ命をとられるんじゃないかと――」

笑いながらも少しおびえたような表情で、Dさんはそう語った。

十　ビニールハウス

Aさんの家は代々農家を営んでいるそうだが、父親が以前こんな話をしたという。

二十年ほど前のこと。

その日は朝から曇天で今にも雨が降り出しそうだった。

畑から収穫できそうなものをひと通り取り終わると、納屋の脇に建つビニールハウスに入っていった。そのなかで胡蝶蘭を栽培していたのである。

一鉢一鉢、屈みながら枝ぶりを眺めていたとき、突然、「Aさんよ」と名前を呼ばれたので声のしたほうを見ると、ビニールシートの外にひとが立っている。しかし半透明のため誰なのかよくわからない。

どこかで聞き覚えのある声だったので、

「誰だいね。わりいけんども、そっちの扉から入ってくれや」

そう大きな声でいったが、そこに立ったきりで入ってこようとしない。

いったい誰だろうと父親はビニールハウスから出て、男のいたほうを見てみたが、ひとなど立っていない。おかしいなと再びなかに入ってみると、やはり誰か立っている。

そんなことを三回ほど繰り返したという。

その翌日のこと。

息子が小学生だったとき学校のＰＴＡ会長を引き受けたのだが、そのとき顔見知りになった同じ役員の男性が病気で亡くなったと連絡を受けた。知り合った当時、ふたりは意気投合して毎晩のように一緒に飲み歩いたのだった。

ビニールハウスで聞いたのは、スナックで女性を口説きながら卑猥な言葉を耳打ちしてきた、役員男性のあのときの声によく似ていたという。

十一　青い蝶

大学生のEさんの話である。

十年ほど前、Eさんが小学生だった頃のこと。

ある初夏の昼下がりに、居間で寝ころんでいたEさんの頭上を青い蝶が一頭、ひらひらと舞っていた。

すぐに窓を見るが閉まっている。山麓の田舎とあって、同居する祖母が玄関の扉を開け放したまま外出しているようだった。

「まったく――」

そうひとりごちながら蝶の後を追う。殺すつもりはなく、捕まえて外に逃がしてやろうと思ったのである。

家の勝手を知っているように蝶は仏間へ向かっていく。背後から近づいていくと、仏壇のほうに舞っていくようだった。

すると、位牌の横の写真立てのうえにぴたりと留まった。

それはちょうど一年前に病気で亡くなった叔父の写真だった。近くに住んでいた叔父は生涯独身だったため、Eさんの家で葬式を出したのである。

二枚の翅《はね》をうえでくっつけて留まっている。

Eさんはその前に立つと、蝶が逃げないよう静かに腕を伸ばした。が、気配を察したのか、再び飛び立つと、ひらひらと部屋のなかを優雅に舞った。

しばらくその後を追ってみたが、やはり家の構造を熟知しているかのようにスムーズに玄関まで辿りつくと、扉から外に出ていった。

——と、そんなことがあった。

すっかりそのことは忘れていたが、それからちょうど一年経ったある日の午後。

Eさんが遅い昼食をとっていると、テレビの前をひらひらと青い蝶が舞っている。すぐに昨年のことを思い出したが、まさかあのときの蝶であるはずがない。

すると、前と同じように仏間へ向かっていく。

「いや、まさか——」

が、やはり蝶は仏壇のほうに飛んでいくようだった。

青い翅があまりに綺麗なので、どういった種類の蝶なのだろうとEさんは思った。

急いで自分の部屋へ行き、幼い頃に買ってもらった昆虫図鑑を開いて調べてみると、形や色から『ミヤマカラスアゲハ』という名であるらしかった。

昨年同様、蝶は叔父の写真立てのうえにぴたりと留まっている。

まるで捕まえてくれといわんばかりの感じで静止しているが、Eさんは捕らえようとはしなかった。

——以前のように勝手に家から出ていくだろう。

そう考えながら再び箸を手に取ったが、ふと、玄関扉は開いているだろうかと思った。

窓という窓はすべて閉ざされている。とすれば、玄関から入ってきたに違いないが、立ち上がってそちらのほうに行ってみると、不思議なことに扉は閉まっていた。

いったい、どこから入ってきたのだろう。

すぐに食事を終え、また仏間のほうに行ってみると、蝶の姿はどこにも見当たらない。

家じゅうをくまなく探してみたが、忽然《こつぜん》と姿を消してしまったという。

その日の夕餉《ゆうげ》の席で、Eさんは昼間の出来事を家族に話してみた。

どこかから青い蝶が入ってきて部屋のなかを舞っていたこと。

昼食の後に蝶がいたはずの仏間へ行ったらいなくなっていたこと。

だから、もし見つけたら殺さずに逃がしてあげてほしい——そうEさんは家族にお願いした。

すると、向かいに座っていた祖母が、

「そうやね、無駄な殺生はいけないね。それに蝶はひとの魂というから」

微笑みながら、そういった。

「青い翅がすごく綺麗でさ。調べてみたら、ミヤマカラスアゲハという種類だったよ。仏壇の叔父さんの遺影に留まったんだ。それも今日だけのことじゃなくて、去年のちょうど今くらいの時期だったかな、同じ色の蝶が家のなかにいて、仏間のほうに行くもんだからその後を追っかけたら、やっぱり叔父さんの写真立てのうえに留まったんだ。そのときは玄関が開いていて、最後はそこから出ていったんだけど」

Eさんがそういうと、しばらくして祖母がはらはらと涙をこぼし始めた。

「それは、もしかしたらあの子かもしれんねえ。考えてみたら、今日はあの子の誕生日じゃない。夏祭りのとき、あの子はいつも眼がさめるような青い半纏《はんてん》を着ていたのよ。いったいあんな派手なもの、どこで拵《こしら》えてきたのか知らないけれど。そういえば、あの半纏どうしたのかしら――」

エプロンの裾で頬を拭いながら、そういったという。

十二　風の音

神奈川県内のラブホテルでフロント業務をしているE子さんの話である。

E子さんは昼間の勤務だが、時々誰も利用していない部屋から内線のコールが掛かってくることがあるという。

勤め始めた頃、空室からコールがあったので、訝《いぶか》りながら電話に出ると応答がない。なにかの誤作動だろうと電話を切ろうとしたところ、嵐のような凄まじい風の音が受話器から聞こえてきたので、なにごとかと部屋まで見に行ってみたが、扉はしっかりと施錠されているし、誰も使ってはいないようだった。

なんだか気味が悪い。

もしかしたら、いわくつきの部屋なのかと、他の従業員にそれとなく訊いてみたが、皆それほど長く勤めていないのでわからないというのだった。

それから数週間ほど経った頃、E子さんの自宅の留守番電話に職場のホテルから電話が入っていた。

掛かってきた時刻はそこで働いていたのだから、誰が電話などしたのだろうと思って再生ボタンを押してみると、あの風のような音が二十秒ばかり録音されていた。

今までそんなことが何回かあったので、そろそろホテルの仕事を辞めようかと思っている、とE子さん。

件の部屋を利用した客からは、特にこれまで苦情のようなものを受けたことはないという。

十三　人形町

主婦のＩさんの住む街には人形町と呼ばれる通りがあるそうだ。

文字通り、道路の両脇に人形店が軒を連ねているのだが、節句の時期になると豪華な日本人形が店頭に飾られ、週末は賑やかになるそうである。

七年ほど前の春、Ｉさんがその街に引っ越してきたばかりの頃だという。

街のことを知るためにＩさんが散歩をしていると、いつのまにか人形町に辿りついていたようだった。

平日の昼間とあって人出はさほどないが、それでもショーウインドウに並ぶ可愛らしい雛《ひな》人形を眺めながら、自分が子どもだった頃を思い出していた。

すると、ある一軒の店の前でＩさんの歩みが止まった。

強烈な違和感をおぼえたからである。

どうしてだろうとガラスに顔を近づけると、その理由がすぐにわかった。

七段飾りの男雛と女雛の顔がすげ替わっていたのである。

冗談でこんなことをするはずがないし、間違いに気づいていないということは、いくらなんでもないだろう。

気になってしまい素通りすることができないので、Iさんは店に入っていき、店頭の人形について訊いてみることにした。

するると、年輩の店主は意味がわからないという顔で、

「なんのことです。別にいたって普通の人形のはずやけど——」

そういうので、ふたりで外に出てみると、やはり首がすげ替わっている。

「な、なんやこれはッ」

ひどく愕いた様子で店に戻ると、ショーウインドウのなかに入って、なんとか自力で首を直したようだった。誰かのいたずらと考えられたが、陳列窓には店の内部からしか入れないのだし、常に店主が眼を光らせているのだから、そのようなことはできないはずだった。

すると突然、

「ややや、これはもしかしてアレかもしれんな……」

店主が口ごもりながらそういうので、どうされたんですか、と尋ねてみると、少し躊躇《ため》うような表情になって、

「いやね、お客さんに話すようなことではないんやけど——」

二日前に妹の娘夫婦が交通事故で亡くなったというのだった。

ふたりとも即死とすぐにわかるほどの状態だったそうで、実のところ、これから店を閉めて葬儀に向かうところだったと店主は語った。

「もしかしたら人形がこんなことになっていたのは、そのことと関係あるんやないかな——」

唇を強く噛みながら、そう呟いたという。

十四　忘れ物

十年前のお盆のことだという。

T絵さんの家は本家のため親戚がたくさん集まったが、そのなかに小学校に入学したばかりの男児がいた。

二日ほど滞在して帰ったが、おもちゃを何個か置いていってしまったので、今度来たときに渡そうと箱に入れて保管することにした。

ところが、その年の秋に男児は交通事故に遭って亡くなってしまった。

少し落ち着いた頃、男児の両親に電話を掛けて、前に忘れていったおもちゃを郵送します、というと、思い出して辛いから申し訳ないがそちらで処分してくれませんか、といわれた。かといって捨てるのも忍びないので、なんとなくそのままにしておいたそうだ。

そんなある日の朝、起きて廊下を歩いていると、なぜか所々小さな水たまりができている。

天井を見るが、特に水漏れしている様子はない。いったいなんだろうと思いながら床を拭いていると、和室の障子が何箇所か水が掛かったように黒くなって穴が開いていた。

——まさか、これって。

思い立ったようにおもちゃを保管した箱を覗くと、そのなかに水鉄砲がひとつ入っている。

箱に収めるときに水はすべて抜いておいたはずなのに、どうしたことか半分ほど入っていたという。

十五　鳥葬

二十年ほど前、団体職員のHさんが出勤途中にある公園の遊歩道を歩いていると、百メートルほど先のベンチの周りにたくさんの鳥が群がっていた。

近くに古びた自転車が一台停まっており、ベンチのうえに誰か寝そべっているようだった。その感じからホームレスのひとだろうとHさんは思った。

それにしても、ものすごい数の鳥である。何羽いるのかわからないほどだ。

鳩やカラスをはじめ、見たことのない大きな鳥もいて、ベンチの男の頭上をバサバサと低空飛行している。

餌でもあげたのだろうか。それにしても、この数は尋常ではない。

近くに行くのは躊躇われたが、駅へ向かうにはどうしてもベンチの傍を通らねばならない。

身構えながら歩いていくと、なにやら様子がおかしい。よく見れば、大きなカラスが男の腹のうえに爪を立てて乗っているではないか。あの男は大丈夫なのか。

するとカラスは、その鋭い嘴《くちばし》で男の躯じゅうを突き始めた。まさかと思いながら更に近寄っていくと、煤《すす》けた服のいたるところが破れて、そこから赤黒いものが弾けたように見えていた。

大変なことが起きている——と、そう感じたときだった。

カラスは男の胸のうえに移動し、その顔めがけて何度も嘴を下ろした。あまりのことに、うわッ、と知らず声が漏れる。男の落ち窪んだ眼窩《がんか》には、もはやなにもないようだった。

口を押さえながら踵《きびす》を返すと、Hさんは公園の管理事務所に向けて走った。

口角に泡を立てながら所員に事情を説明すると、それは大変だ、とふたりで現場に向かったが、男はおろか、さきほどあれだけいた鳥の群れがまったく見当たらない。

所員は笑いながら、

「きっと見間違いですわ。ベンチは他にもありますけど、ほら、どこにもひとの姿はありませんよ」

そういったが、Hさんは狐につままれたような気分だった。

この眼ではっきりと目撃したのだ。昼日中、あんなものを見間違えるとはとても思えない。なにかこの世ならぬものを自分は垣間見てしまったのではないか——。

後日、オカルトに詳しい友人にその話をしてみると、

「それは過去にそういったことがあったんだな。その公園のベンチで死んだ男がいて、鳥葬のごとく啄《ついば》まれたんだろう。それをお前が見てしまったわけだ」

したり顔でそういうので、再び公園の事務所を訪れ、さりげなく以前そういった出来事がなかったかと尋ねてみたが、

「あんたもしつこいなあ。そんなことは一度もありゃしませんよ。少なくともこの公園ができてからはね」

苦い顔でそう返されたという。

十六　隠し部屋

フランスのノルマンディーに住むアンリさんという男性の話である。

アンリさんの伯母は、ドイツ国境に近いフランス北東部アルザス地方の小さな村に築百五十年ほどの古い家を買ったという。伯母は独り者だったので、アンリさんが引っ越しの手伝いをすることになった。

家はところどころ石壁が崩れ落ちていて修繕をする必要がありそうだったが、手直しさえすれば、雰囲気もいいし、まだまだ長く住めそうだった。

伯母いわく、この村は第二次世界大戦のときにドイツの侵攻を受けたということで、外壁などのダメージはそのときの銃弾の跡なのだと、家を買うときに不動産屋から説明を受けたらしい。

家具や家財を家のなかに搬入しているうちに、アンリさんはあることに気がついた。

外から見たときとなかに入ったときで、なんとなく部屋の数が合わないように思ったのだ。外から見ると大きな窓ガラスが四枚あるが、なかに入ってみると三枚しかない。一枚足りないということは、もしかしたら隠し部屋のようなものがあるのではないか、とアンリさんは考えた。

家の内部になにか細工があるはずだと仔細に調べてみると、案の定、部屋の壁の下側に引き手もなにもない、ただはめ込むだけの簡素な木製の扉が付いていた。

恐る恐るそれを取り外してみると、なかから光が漏れ、窓からの陽射しを浴びるようにひとりの男が床のうえに膝を抱えて座っている。

部屋は狭く、ひとひとりがようやく横になれるほどの広さしかない。舞い上がった埃が西陽に白っぽく反射していた。

男は窓のほうを向いているが、長く伸びた顎ひげや、その異常なほどの痩躯《そうく》で齢のほどはよくわからない。若いようにも年寄りにも見える。初夏だというのに、分厚い茶色の外套を着ており、全体がひどく汚れていた。

こんなところにひとがいたのならもっと愕きそうなものだが、不思議とそういうふうには感じなかった。

窓があって明るかったせいかもしれませんね、とアンリさん。

「声を掛けてみたんです。そこでなにをしているのですか、と」

そのとたん、男は振り向きもせず、そのまま霞《かすみ》のように消えてしまったという。

後日、不動産屋の担当者に訊いたところ、その家は大戦中、対独レジスタンスのアジトとして使われていたということだった。

隠し部屋の説明をすっかり忘れていたというのだが、そこではかつてナチスドイツを非難するビラを印刷していたそうである。

十七　打ち合わせ

「幽霊とかそんな話ではありませんけど、なんだかよくわからない不思議なことなら前にありましたよ」

そういって語ってくれた話である。

Tさんが仕事の打ち合わせのため喫茶店で待っていると、取引先の相手がやってきた。挨拶もそこそこに仕事の話になる。企画書をTさんがテーブルのうえに広げると、熱心な様子でそれを読みながら、これは実にいいですね、といって、有意義な意見を交わし合った。

上司と相談したうえで前向きに検討します、というので、そこで別れたが、何日経っても向こうから連絡がない。こちらから電話を掛けることは躊躇われたが、ビジネスとあって呑気に待っているわけにもいかなかった。

名刺をもらったはずだが、なぜかどこにも見当たらない。しかし特徴的だった名前は覚えていたので、Tさんが取引先に連絡をしてみると、その名前の社員は昨年東北の支社に転勤になったので、なにかの間違いではないかという。

いくらなんでも、そんなはずはない。

東北にいるというその人物にも連絡を取ってもらったが、Tさんというひととは打ち合わせなどしていないといわれたそうである。

後で顔写真を見せてもらったが、間違いなくその人物だったという。

十八　遺品

Jさんの祖父が病気で亡くなり、その数日後、故人の部屋を片付けていると、かちかちかちかち、と妙な音がする。

それは連日のように聞こえ、日によって音の鳴る場所が押入れだったり天井だったり、まったく違うところからしてくるので、ネズミかなにかだろうと家族は思っていた。

それからほどなくJさんが祖父の部屋を使うことになり、古い家具をすべて引き払おうとしたところ、文机のなかから例のあの音が聞こえてくる。

「すわ、ネズミめ」とばかり、すぐに引き出しを開けてみた。すると、祖父が生前使っていた総入れ歯が上下噛み合わさって、かちかちかちかち、と咀嚼《そしゃく》するような動作を繰り返している。

その動きは十分ほど続いて止まったが、家族に話したところ、あの入れ歯はたしか一緒に火葬したはずだという。しかし残っているのが事実なので、生前に祖父が外していたのだろうということになった。

いくら遺品とはいえ、頻繁にあの音を聞かされたら堪らないので、金冠だけ外して処分してしまったそうである。

十九　アドリブ

俳優のTさんは、一九八〇年代に心霊番組の再現ドラマに出演したことがあるという。

中古住宅に移り住んだ家族が、前の住人である男の幽霊に悩まされる話だった。

Tさんはその幽霊役だったので、メイクをし、出番になるまで休んでいた。

役が役なので台詞《せりふ》を覚える必要もなく、監督によればただ立っているだけでいいとのことだった。それでいくらかの出演料をもらえるのだから楽な仕事に思えた。

撮影が始まり、スタッフの指示した場所に立つ。

引っ越してきた家族の主人が居間で寛《くつろ》ぎながらテレビを観ている。その背後――敷居のうえに自分が立っているシーンだった。

監督によれば、カメラは常に主人のアップで、背後の幽霊にはピントを合わせず、しかも首から下しか映さないとのことだった。幽霊の顔は最後に見せる形にするのだという。

撮影は滞りなく順調に終わった。その映像を監督とスタッフが確認しているが、なにか険しい顔をしている。どうしたのかと思ったら、

「おい、Tさんッ」

大きな声で名前が呼ばれたので行ってみると、

「アドリブなんてダメじゃないか。こんなふうに腕を上げろなんていってないよ。ただじっとしていてくれればいいんだから」

と、そんなことをいう。

いわれた通りにじっと立っていただけで、腕など上げた覚えはないので慌てて否定すると、

「いや、している。それじゃ、今のシーンを見せてあげるよ」

そういって再生ボタンを押すと、つい先ほど撮影したシーンがモニターに映し出された。主人が笑いながらテレビを観ている。その背後にピンボケしたように自分の足元だけが映っていて、そのままカメラが少しずつ上がってくる。すると――。

「監督のいった通り、自分の腕が関節も曲げずに上がっていくんだよ。しかも『おいでおいで』をするみたいに、両手で手招きをする仕草をして。そんなことをした覚えはまったくないんだけどね。それに監督もスタッフも、カメラを回しているときは全然気づかなかったというんだよ」

ところが監督は、これはこれで面白いかもな、といい、結局そのシーンの撮り直しはしなかったそうである。

二十　忠告

Hさんは北関東の某県でラーメン店を営んでいるが、五年ほど前に開業する際、資金が少ないので居抜きの店舗物件を探していたという。

そのときある一軒の不動産屋で、告知事項があるが条件に合うのでは、と紹介された物件があった。

告知とはどんなことかと訊き出してみると、以前そこは中華料理屋だったが、商売がうまくいかなかったのか店主が厨房で首を吊ったというのだった。

そんなことを聞いたら借りたいとは思わないのが普通だが、賃料が破格に安く、礼金や保証金が一切なかったので、そのことはHさんにとって非常に魅力的だった。飲食店を出店するとなると、どこも保証金が高いからである。

街のメインストリートにほど近い路面の店とあって、提供するものさえ良ければ、どうやっても失敗しようがないように思えた。それだけの料理を出すことのできる自信がHさんにはあった。

「でも店の周辺を色々見て廻った後に、なかに入って厨房を覗いた瞬間、あっこれはダメだと思ったんです」

厨房の天井に電気コードを引っ掛けて首を吊っている男と、それをすぐ近くで不思議そうに見つめるまったく同じ顔をした男――ふたりの人物の姿がHさんには見えたのだという。

一緒に来ていた不動産屋の担当者は、店に入るときに少し躊躇っているようではあったが、なにかを見たり感じたりはしていない様子だった。

客席の椅子の埃を手で簡単に払うと、担当者はそこに座りながら、

「必要なものは大体揃っているようですから、これだったらすぐにでもお店を開けそうじゃないですか」

当然借りるだろうというような口調でいわれたが、もうこの場所にいるだけで具合が悪くなってきたので、Hさんは早々に店から出ようとした。

最後に扉を施錠しているとき、

「きっとうまくいかねえよ」

ドアのすぐ向こう側からそういう男の声が聞こえたので、それまでなにも感じていなかった担当者も一気に青ざめ、ふたりで逃げるように不動産屋に戻ったそうである。

二十一　ベール

イギリス人女性のソフィアさんが十二歳の頃、イングランド北部のブラッドフォードに父親が古い家を見つけてきて引っ越すことになった。

着いた初日、二階のひと部屋を自分用にあてがわれたので、喜びながら階段を上っていった。すると、部屋の床になにか白っぽい布のようなものが落ちている。

なんだろうと手で摘んでみると、花嫁衣裳のベールのようだった。もう何年もそこに放置されたようにひどく煤けている。

階下に降りて父親にそのことを伝えると、だいぶ以前に住んでいた住人のものだろうから処分してしまいなさい、といわれた。

ごみ袋を持って再び部屋に戻ると、なぜかベールはどこにもなかったという。

二十二　クローゼット

会社員のIさんは大学卒業後、就職を機に引っ越しをすることになった。

勤務先の最寄り駅前にある不動産屋へ行き、紹介された物件を端から見ていくことにした。希望に適う住まいはさほどなかったが、五件目に訪れたマンションは築三十年とそれなりに古いが、陽当たりのよい角部屋でなかなか良さそうだった。さほど内覧しないうちに、ここで決まりかなと考えていた。

Iさんは洋服持ちなので、収納が多い部屋を探していたが、二部屋あるうちの小さな四畳半ほどの部屋に大きなクローゼットが付いていた。これならかなり洋服も入れられるだろう――そう思いながら、その引き戸を開けたときだった。

思わず、わッ、と声をあげて床のうえに尻もちをついてしまった。

黒いひとがたをしたものがぶら下がっていたからである。その首らしきところには柄の入ったネクタイがきつく巻かれ、その端が洋服を掛けるパイプに短く結わえられている。

一緒に来ていた不動産屋の女性社員が、その声に愕いて駆け寄ってきたが、Iさんは黒い物体に向かって指を差すことしかできなかった。

すると女性社員は、クローゼットの暗がりを覗きこみながら、

「どうされたんですか。もしかしてゴキブリでもいました？」

なにごともないような顔でそんなことをいう。

いや、そのなかに――と、そういったところでパイプにぶら下がっている影は忽然と消えてしまった。

Iさんは心霊現象のようなことにはこれまで懐疑的だったが、この部屋は過去に首を吊って死んだひとがいるのではないかと思った。

しかし、特にそういった説明は受けなかったし、告知の表示もなかった。おそらくだいぶ以前にそんなことがあり、それから何人か借りたのだろう。それで告知義務が消滅しているに違いないと考えた。

契約は見合わせ、その日は自宅に帰り、パソコンで事故物件のサイトを開いてみた。

しかし、先ほどのマンションにはどの部屋にも自殺や事件があった表示は付されていなかった。だが、やはり気にかかるので、違う不動産屋で見つけた当初の希望よりもかなり妥協した物件を借りることにした。

四月になって働き出すと、与えられた仕事はやりがいがあったが、慣れてくるにつれて、ある決まった上司から叱責されることが増えた。

それも毎日のように繰り返されるので、夏を迎える前には、朝になるとひどい頭痛になったり、仕事に行くのが億劫になったりした。いっそ会社を辞めてしまおうかとさえ考えた。

「完全に鬱《うつ》っぽくなっていましたね。もういっそ死にたいな、なんて思ったりして。そう考えると、あの日、クローゼットで見た黒い影の正体は僕だったんじゃないかって思ったんです。もしもあのマンションに住んでいたら、僕はあんなふうにクローゼットのなかで首を吊ってしまったかもしれません」

　自分の姿を予知したというのである。

　その後、そりの合わない上司は地方の副支店長になるため転勤になり、会社での居心地は格段によくなった。今も辞めずに同じ会社で働いているという。

　ところが半年後。

「友人が家を探しているというので、手伝うつもりで久しぶりに事故物件サイトを見たんです。そうしたら——」

　例のマンションのあの部屋に事故が起きた表示が付されている。それをクリックしてみると、半年ほど前に男性が縊死体で発見されたと記載されていたそうである。

二十三　ビリケン

三年前の夏の終わりのこと。

当時、大学生だったIさんは友人のSさんを事故で喪《うしな》ったという。

元々、母親同士が知り合いだったため、小学校に上がる前から一緒に遊んでいたほどの無二の親友だった。喧嘩らしい喧嘩も一度たりともしたことがなかったそうだ。

一方的なもらい事故で亡くなったことを知らされたとき、Iさんは膝から崩れ落ちるほどの衝撃を受け、それからというもの、学校もアルバイトも休みがちになった。以前のように街へ遊びに行くこともしなくなったという。

部屋のベッドで横になりながらスマートフォンを弄ってばかりいたが、SさんのSNSの最後の書き込みがなんだったのか、ふと気になった。

アプリを開き、Sさんのハンドルネームを検索してみる。画面に表示されたとたん、胸に一気に熱いものがこみ上げ、知らず涙が溢れ出た。

「ビリケンいろいろありがとうな」

そう書かれていた。ビリケンというのはIさんのニックネームである。

愕いたのは、それだけではない。

事故死から一週間も経った、深夜の書き込みだったのである。

アプリは自動でログインするはずなので、一瞬、家族の誰かがIさんのスマートフォンを使って書いたのかと思ったが、彼のことをビリケンなどと呼ぶのはSさんだけであるし、家族の書き込みとしてはだいぶ違和感があった。

どう考えてもSさんとしか思えない。

「スクリーンショットをして大事にとってあります。その後、彼のアカウントは家族が消してしまったようですが」

そうIさんは語る。

二十四　妙な乗客

普段タクシーに乗る機会は少ないが、つい先日、必要に駆られ乗車したとき、例のごとく自分の身分を明かし、なにか怖い体験をしたことはありませんか、と尋ねてみた。

「そういうのはないですねえ。それこそ四六時中、車に乗っていますけど」

最初はそういったが、しばらく走らせているうちに「ああ、そういえば」といって、以下のような話をしてくれた。

五、六年前のこと。

ある日の深夜、国道を流していると、ひとりの男性客が手を上げた。

乗り込んできたのは二十代後半から三十代ほどの若い男だったが、長髪を後ろで束ね、垢《あか》じみた鼠《ねずみ》色の上着と薄汚れたジーンズというでたちで、会社員のようには見えなかった。

「どちらまで?」

そう尋ねると、さほど距離はないが何箇所か立ち寄りたい、徒歩だと大変だから、という。もちろん断る理由もないので、そのまま車を走らせた。

行き先は指示を出しますから、と乗客がいうので、その通りに走っていると、繁華街からほど近い住宅街に入っていく。

するとと、ある一軒の前に来たとき、

「ここでいいです。ちょっと待っていてもらっていいですか」

そういって車を降りると門扉を開けたが、考えてみたら、その家は一年半ほど前に一家心中事件のあった家だった。

男の姿を眼で追うと、玄関ではなく、居間と思われる窓を開けて土足のまま上がりこんでいく。そこの鍵が開いていることをあらかじめ知っているようなので、この家の親族か管理をしている関係者だろうかと考えた。十分ほどして男は戻ってきたが、立ち入ったことを訊くのはなんだか躊躇われた。

すると今度は、県道と国道の交差点を指定してきた。

交差点の手前のバス停に車を停めると、男は「ちょっと待っていてください」といって、交差点に向かって歩いていく。遠目に見ていると、男は誰かと会って立ち話をしているようだった。しかし、どんなに眼を凝らしても、男の前には誰も立っていない。街灯の真下で薄暗がりに向かって身振り手振りジェスチャーを交えながら話しているのだ。

「なんだこのひとは、と思いましたよ。ちょっとおかしいひとなのかと」

十分ほどして男は帰ってきて、次はそこから三キロほどいった一級河川の橋の袂に行ってください、という。

少し不気味に思いながらも、それほどの距離ではないので再び車を走らせた。深夜とあって走っている車も少なく、すぐに指定された場所に到着した。

「また車を降りていって、橋の欄干《らんかん》にもたれながらしゃべっているようなんですが、やはりそこには誰もいないんですよ。昼間ならともかく、そんな時刻なので、なんか気持ち悪くなっちゃってね」

五分ほどして男は戻ってきたが、

「最初に乗せてもらったところで降ろしてください。そこでお金は払いますから」

といった。

「いろいろ立ち寄ってもらってすみませんでしたね、というので礼儀正しいひとではありましたよ。支払いも多めにくれてね」

ところが、男が財布から出したのは、殆ど流通していない二千円札を含めた旧札ばかりだったという。ぼんやりと灯ったルームライトの下とあって、一瞬、偽札ではないかと訝ったそうだが、れっきとした本物の紙幣だったそうだ。

「後から考えてみたら、あの乗客が降りたところは、過去三年以内に死亡事故があった場所なんですよ。いったいあのひとは、あんなところでなにをしていたのか、誰と話していたんだろうって、しばらく不思議で仕方ありませんでしたよ」

二十五　破裂音

Tさんはあるよんどころない事情から恋人の住むアパートに転がり込んだそうだが、毎朝のように、パンッパンッ、という烈しい乾いた破裂音で起こされるのだという。

パラパラッ、パラパラッ、と遠くで鳴るように聞こえることもあれば、耳元で爆発したような音がすることもあり、そんなときは心臓が飛び出そうなほど愕くそうだ。

それは概ね運動会のスターターピストルのような音だったが、まだ陽が昇る前からそんな音が鳴るのもおかしな話だし、第一、アパートの付近には児童が通うような学校などひとつもなかった。

そのことを恋人に話してみたが、Tさんがいうような音は今まで一度も聞いたことがないと答え、

「夢なのかなんなのか知らないけど、きっとあなたの頭のなかだけで鳴ってるんじゃないの」

そう笑いながらいうのだった。

たしかにその時期は精神的に弱っていたこともあり、そのことからくる幻聴なのかもしれないとTさんは思っていた。

そんなある日、地域誌をぱらぱらめくっていると、太平洋戦争時、街に軍隊の射撃演習場があったことを知った。それもTさんたちが住むアパートのある一帯すべてがその敷地だったというので吃驚してしまった。

記事によると、暴発事故が度々起きて死者も出たとのことだった。

二十六　寝言

五年ほど前、会社員のR美さんは学生時代の友人とふたりでフランス南部、最大の港湾都市であるマルセイユに旅行したという。

パリはすでに何度も行っているので、今回は南仏を心ゆくまで楽しむ目的で、ホテルは連泊の予約をしていた。

昼間は観光をして、夕方にホテルへ戻った。軽く夕飯を食べ、シャワーだけ浴びると友人はよほど疲れていたのか、静かな寝息を立てながら眠ってしまった。

R美さんはしばらく小さな音でテレビを観たり本を読んだりしていたが、ふと隣の友人を見ると、ひどい寝汗をかきながら魘《うな》されているようだった。部屋の温度は涼しいくらいで、特に暑いわけではない。いったいどうしたのだろうと思ったら、突然、友人は眼を瞑《つむ》ったまま、なにごとかをつぶやき始めた。

ところが、それはどうも日本語ではない。

随所の言い回しや単語がどう聞いてもフランス語だった。R美さんは多少フランス語を理解できるが、友人はまったく話せないはずである。今回の旅行でもR美さんが通訳の役割を担っていたのだ。それなのに、ネイティブスピーカーさながらに流暢なフランス語を操っている。しかしスピードが速すぎるので、なにをしゃべっているのか、いまひとつわからなかった。同じような言葉を繰り返し話しているようだが、三十分ほどすると、友人は再び静かな寝息を立て始めた。

翌朝目覚めた後、R美さんは友人に、

「昨日の夜、寝言すごかったよ。なんだか魘されているみたいだったし」

そういうと、友人は不思議そうな顔をして、まったく覚えていないと答えた。しかし、なにか妙な夢は見た気がするというのだった。

すると、その日の深夜も同じように寝言が始まったので、R美さんはスマートフォンのボイスレコーダー機能を開いて録音ボタンを押した。

翌日になって、昨晩録った音声を友人に聞かせてみると、スピーカーに耳を近づけて眉根を寄せていたが、

「私の声だよね、これ。でもなんかフランス語みたいだね。夢は見たような、見ていないような――うん、やっぱり全然覚えてないよ」

首を捻《ひね》りながら、そう答えるのだった。

旅行から帰って半年ほど経った頃、R美さんはフランス語教室に通い始めた。

講師はフランス人女性だったが、日本には二十年以上住んでいるとのことで日本語も流

暢だった。R美さんは、今までフランス旅行で訪ねたことのある地方の旧跡や食べ物の話をして、フランス人講師と盛り上がった。

と、そのとき、半年前のマルセイユのホテルでの出来事を思い出した。

すぐにスマートフォンを取り出し、ボイスレコーダー機能を開く。事情を説明して、友人の寝言を録音した音声を聞いてもらった。すると――。

最初のうちは笑顔だった講師の顔が俄《にわ》かに曇っていく。三分ほど経ったところで、もういいお願いだから止めて、と堪らないという表情でいった。

講師は首を横に振りながら、

「しゃべっているのは女のひとだけど、これは男性の話し言葉よ。内容だけど――」

俺は轢《ひ》き殺すつもりはなかった、あんないたいけな子どもを。責任を取らねばならなかった。だから俺は地中海に身を投げたのだ。

その言葉だけを何回も繰り返しているというのだった。

テーブルのうえのスマートフォンを手に取り、その場で音声データを消去したそうである。

二十七　フルート

Nさんが自宅で昼飯を食べていると、どこからともなくフルートの音色が聴こえてくる。

この辺にそんなものを吹くひとはいたかなと思っていると、それはお向かいの中学生の息子さんだと妻がいう。

しかし、子どもの演奏とはとても思えない。その旋律がなんとも恐ろしい。

どうしてそう感じるのかわからないが、物悲しげなメロディが居た堪れないほど不安な気持ちを喚起させる。

近所とあってうるさいと怒鳴ることもできない。

とてもではないが聴いていられず、家から飛び出してパチンコ屋に向かった。

数時間後に負けて帰ってくると、フルートの音はもう聴こえないが、妻がいない。

どうしたのだろうとスマートフォンに電話を掛けると向かいの家が大変だという。

息子さんがその日の朝、電車に飛び込んだというのだった。

「朝に亡くなったというのですから、それだったら昼飯のときに聴いたフルートは誰が吹いていたというんですかね」

そういってNさんは首を傾げる。

二十八　ホームに集う者たち

六年ほど前、F世さんが大学への通学中、ある駅で電車が停まるとそのまま動かなくなった。

ほどなくアナウンスが流れてきて、隣の上り列車のホームで人身事故が発生したという。処理のため少々停車します、というので、乗客たちはため息を吐いたり小言をいったりしていた。

窓から隣の線路を見ると、ブルーシートが敷かれ、何人か駅員が降り立っているようだった。

朝から厭なものを見てしまったな――と、そう思ったとき、事故現場のすぐうえのプラットホームになにも衣服を身に着けていない裸のひとたちが立っている。

それもひとりやふたりでなく、学生とおぼしき若い男女もいれば、年老いた男性、中年の女性など様々で、全部で十人ほどはいそうだった。彼らはブルーシートのほうを見るでもなく、ただ茫然と佇んでいる。

服を着た普通のひとたちも立っているが、なぜか彼らは裸の者たちに眼もくれず、事故現場を覗きこんだり、興奮した様子で電話を掛けたりしているのが不思議でならなかった。

彼女の近くにいる乗客たちもブルーシートのほうは見ても、ホーム上の異様な者たちのことには誰も気づいていないようなので、どうしてだろうと腑に落ちない気持ちでいっぱいになった。

その後、電車は動き出したが、あの裸のひとたちはいったいなんだったのか、今でも気になって仕方がないという。

二十九　洞の夢

Yさんは現在住んでいる街に引っ越してきた頃、近所のファストフード店の前に生えているポプラの巨木の夢を見るようになった。

なぜそんな夢を見るようになったのか不明だが、ちょうどYさんの背丈ほどのところに大きな洞《うろ》ができているので、それが印象に残っているせいかもしれなかった。

夢のなかで、その洞から長い髪の毛のようなものが、だらりと黒い束になって垂れていた。

現実であれば気味が悪いが、そうではないとわかっているので、Yさんはなんの躊躇もなく、その黒々とした髪の毛をつかんで自分のほうに引っ張る。すると、それは女性用のかつらのようだった。

誰かが道路に落としていったものを、洞のなかに入れておいたひとがいたのだろう――毎回、眠りながらぼんやりとそんなふうに考えるのだった。

そんなある日、この街で生まれ育ったひとから、件のポプラの木の洞に女の生首が突っ込まれるという事件が、だいぶ以前に起きていたことを教えられた。

昭和三十年代のことだという。

生首とあって殺人事件として捜査されたが、結局犯人が逮捕されることはなかった。

その話を教えてくれたひとは、子どもの頃に両親から事件についてよく聞かされ、あの木には絶対に近づいてはいけないよ、とくどいほど釘を刺されたという。

三十　隣家の庭

四十代の主婦M子さんの話である。

十年ほど前、家を新築したためM子さんは家族で引っ越しをしたという。

建て売りの一軒家で、広くはないが庭もついている。

彼女はガーデニングが好きなので、暇になると外に出て庭の手入れをした。

移った当初は気づかなかったが、庭に面した隣家が長く空き家になっていることがわかった。家屋は築五十年ほど経っているだろう昭和の典型的な二階建て住宅だったが、それを取り囲むようにある庭は、百坪以上はありそうな広さだった。しかし、手入れをする者がいないため、雑草が伸び放題になっている。

庭いじりが趣味のM子さんとしては、なにか放っておけない、そんな気分になった。

毎日、自宅の狭い庭ばかり見ているうちに、たいがいのことはやり尽くしてしまった。

手持無沙汰になったM子さんは、出すぎた真似だろうかと思いながらも、隣家の敷地に入っていって、丈高く伸びた雑草を抜いていった。

そこかしこにプランターや花壇があるので、きっとここに住んでいたひとは自分と同じように園芸が好きだったのだろうと思った。しかし、そのどれにも花がつき、可愛らしく咲いているのを見て、M子さんは愕くのだった。

長く放置された庭は雑草が伸びることはあっても、こんなふうに綺麗に花が咲くものだろうか。まるで何者かが甲斐甲斐しく水や肥料を与えているようではないか。

実は空き家という情報は間違っていて本当は誰か住んでいるのでは、と思い、近所の住人にそれとなく尋ねてみたが、やはりひとは住んでいないとのことだった。

そうと判明してからは連日のように隣家の敷地に入って、自分の庭のように草木の剪定をしたり、自宅の水道からホースを引っ張って水を撒いたりした。

空き家とはいえ他人の庭を勝手にいじるのはどうかとも思ったが、そうしないではいられなかった。

すると、隣家の庭は見違えるように綺麗になり、元々ついていた花々もより濃い色彩で咲き乱れ、通りかかる者たちの眼を惹くようだった。

ところが、それから数日経った雨の昼下がり、M子さんがリビングの窓から庭を眺めていると、隣家の庭の生垣のところに誰か立っている。

見ると、七十代ほどの紫の髪色をした女性だった。すると、窓際にいるM子さんに向かって、女性が深々とおじぎをしてくる。反射的にM子さんも頭を下げたが、女性は傘も差していない。外はかなり強く雨が降っているというのにである。

もしかしたら隣家に住んでいた女性ではないのか。なにかの理由で戻ってきたら庭が勝手にいじられていたので吃驚したのだろう。

それで私にいいたいことがあるのではないか——と、そんなふうに感じ、慌てて傘を差して庭に出てみると、つい今まで立っていた女性がどこにもいない。

家のなかに入ってしまったのかと隣家に行って玄関の呼び鈴を押してみたが、どれだけ待っても誰も出てこなかった。

女性を見たのはその一度きりで、あれはいったいなんだったのかと長く不思議に思っていた。そうしていたところ、隣家には夫を亡くした高齢の女性がひとりで住んでいたが、三年ほど前に病気で亡くなったことを知った。

近所の主婦の話では、その女性はいつも見るたびに庭にいて、暇さえあれば草木の手入れをしていたとのことだった。

髪を鮮やかな紫色に染めていたという。

三十一　少女の夢

ハンガリーの首都ブダペストに住むアンナさんの話。

アンナさんが五歳の頃、夢のなかによく現れる人物がいた。

それは大人の男だったが、ひどくやせ細って、殆ど骨と皮だけのような躯つきだったので、年齢のほどはよくわからなかった。

あまりにも頻繁に夢に出てくるので、起きてからその顔をスケッチブックに描いたこともあり、両親はそれを見ていつも気味悪がっていた。だが、それもいっときのもので、成長するとともにその夢も見なくなったという。

それから二十年ほど経ち、ある男性と知り合って恋に落ちたが、交際して二年ほど経った頃、恋人に病気が発覚した。

胃がんだった。

病状は日ごとに悪化し、ほどなく余命一ヶ月の宣告を受けた。

病床を見舞ったアンナさんが、ベッドのうえに力なく横たわった彼氏を見たとき、子どもの頃、夢によく見たのはこのひとの顔だったのだと、強く確信したという。

三十二　三人

静岡県のある温泉旅館で仲居をしているM代さんの話である。

M代さんが今の職場に来る前は、同じ県内の別の旅館で働いていたそうだが、彼女がそこにいた十年の間に三回、宿泊客の自殺があったという。

それは概ね三年ほどの間隔で起きたが、亡くなったのは女性がひとり、男性がふたりだった。齢の頃はいずれも四十代の前半から半ばに掛けてだったそうだ。

不思議なのは、その三件の自殺すべてがあるひとつの客室で起きたことで、更にわからないのは、彫刻の施された欄間の同じ場所に浴衣帯を掛け、部屋の北側の端――寸分違わぬ位置で三人とも首を吊っていたことだという。

三十三　薔薇の家

運送会社に勤める男性Bさんの話である。

三年前の晩秋、Bさんは宅配物を配送するため住宅街のなかを車で走っていた。

狭い道路とあって徐行のような速度で進んでいたが、ある家の前に来たとき、思わずブレーキを踏み込んでいた。

以前、何度か荷物を持ってきたことのある古い住宅が取り壊され、更地になっていたからである。昭和の時代を感じさせるコンクリートのブロック塀だけが半ば朽ちながら残っていた。

土地にはもう家屋も庭木もないが、雑草が丈高く伸びて、ちょっとした藪のようになっていた。すると茂みのなかに、そこの住人だった七十代ほどの女性が、地面のうえになにも敷かずに正座している。見ると、その腕にはピンクや赤、黄色、紫など色とりどりの薔《ば》薇《ら》の花束を抱えていた。

――ここの家、壊しちゃったのか。でも、あの人、あんなところでなにをしているのだろう。

Bさんは窓を開けて、「こんちはッ」と大きな声でいってみた。が、聞こえていないのか、女性はずっと同じ姿勢を保ったままで、なんの反応もない。

どこを見ているのかわからない、そんな眼差しだった。――と、そのとき背後から後続車が来たので、はっとして再びアクセルを踏んだ。

「配達先が、そこから百メートルほど先の家だったんです。それでなにげなく訊いてみたんですよ。『あそこのお宅、壊して更地になっちゃったんですね』って。すると、お客さんが『そうなのよ、あの家ね』といって――」

ひとりで住んでいたお婆さんが交通事故で亡くなってしまい、遠くに住む娘が家を相続したが、帰ることも管理することもできないので更地にして売りに出しているが、まだ買い手がついていないようだ、というのである。

だとしたら、つい先ほど自分が見たのはいったい誰だったのか。あれは間違いなく、あの家に住んでいた女性のはずである。それにあんなに棘《とげ》の多い薔薇の花をなにも包まずに束にして抱えていたことも奇妙だった。

第一、秋も終わろうとしているのに薔薇はあんなふうに綺麗に咲くものだろうか。四季咲きのものもあると知ってはいるが――。

「そのとき唐突に思い出したんです。春になると、あの家はいつも見事な薔薇が咲いていたなって。前を通るたびになんとなく癒されていたんですよね」

丹精していた薔薇がことごとく潰されてしまって、きっとお婆さん悲しんでいるんじゃないですかね。いや、悲しむどころか怒っているのかもしれません。なんか、そんなふうに感じたんです——。

そうBさんは語った。

三十四　息子の部屋

現在七十代の女性F子さんの話である。

二十五年ほど前の、桜の咲く季節だったという。

買い物から帰宅して、高校生の息子の部屋の前を通ると、戸が半分ほど開いている。閉めようとドアノブに手を掛けると、なにかふと違和感をおぼえた。

部屋に入ってみると、机の引き出しや本棚がめちゃくちゃに荒らされ、押入れの襖《ふすま》も開きっぱなしで、なかのものが飛び出している。

息子は自分に似て几帳面で、いつも綺麗にしているはずだった。まるで空き巣が入った後のようなので、すぐに他の部屋を見て廻った。しかし、そんなふうに荒らされているのは息子の部屋だけだった。

それに空き巣といっても、義父も同居しているのだから、不法侵入者に気づかないはずがない。

「あの子、学校から帰ってきましたか。まだそんな時間じゃないはずですけど」

居間にいる義父にそう訊いてみると、

「いいや、帰ってきてはおらんよ。わしはここにこうして、ずうっとおったから」

その位置からは、玄関も息子の部屋の入り口も見えるのだから、誰も入ってきていないのはたしかそうだった。

——あんなに散らかして学校へ行ったのね。帰ってきたら、あの子にきつく注意しなくちゃ。

と、そう思ったが、その日の朝、息子が制服姿で部屋から出てきたとき、偶々ふたりは廊下でかち合ったのだった。そのとき、部屋のなかはいつものように整然としていたことをふと思い出した。

いったい、どうなっているのか。

学校を早退して、こっそりと家に入り、あんなふうに散らかしてまた出て行ったのだろうか。しかし、そんなことをする理由がさっぱりわからない。

夜になっても帰宅しないので、心配したF子さんは息子の友人の家など思い当たる場所に片端から電話を掛けてみたが、友人たちいわく、その日、息子は授業にも出ていなかったというのだった。

警察に連絡をして数時間後、思わぬ知らせを受けて、F子さんは膝から崩れ落ちた。

学校の体育館の用具室のなかで息子が首を吊っているのが発見されたからである。

クラスでは人気者でいじめられているような様子はまったくなかった。その日の朝、息子と少し話したときも、そんな思い悩んでいるような素振りは見られず、いつものように陽気に振る舞っていたそうだ。

　遺書らしきものがないため、自殺した理由も不明で、散らかっていた部屋のこともよくわからないままだという。

三十五　供述

元警察官のCさんから聞いた話。

以前、逮捕された空き巣犯の男が、過去の犯行を供述している際、こんなことをいったという。

「いつもの手はずで入ったんだけどさ、どうも様子がおかしい。仏壇なんてどこにもねえのに、部屋がとにかく線香くさい。お香でも焚いてるんじゃねえかと思ったんだけど、そんなものも見当たらねえ。いったい、こりゃなんだろなって思ったら――」

リビングの白壁に、横を向いた人間のフォルムが染みのようになって浮き出ている。それは大人の男の背丈ほどの大きさで、あまりにもくっきりとしているので、変わった壁紙なのかと思った。

すると、その黒いシルエットの腕と足が関節を曲げずにうえに上がっていく。それを見て愕いた男はすぐに外へ飛び出したという。

「だからあの家に関しちゃあ、ピッキングはしたよ。したけども、なんも盗っちゃいねえんだよ。吃驚しちゃって、そんな余裕なかったもの。これ本当の話だから」

唾を飛ばしながら、そう語ったそうである。

三十六　黒いサリー

インドのニューデリーに住むカビーアさんの話。

カビーアさんは子どもの頃、父親が勤める会社が建てた社宅の十階に住んでいたそうである。

両親は共働きだったので、その日もひとりで留守番をしていると、なぜだか急に部屋の気温が下がった気がした。

腕を見ると鳥肌が立っている。外の気温は四十度近いためエアコンをつけていたが、決まった温度に設定されているはずで、寒く感じることなど今までなかった。

するとそのとき、ベランダにひとのようなものが立っている影をカーテン越しに見た。

泥棒かと一瞬身構えたが、そのシルエットはサリーを身につけた女性にしか見えない。

揺れるカーテンの隙間から黒いサリーとおぼしきものがちらちらと見えている。

恐る恐るカーテンの下端をめくって見上げてみると、ベランダには誰ひとり立ってなどいなかった。

——と、そんな不可解な出来事があったが、たった一度きりのことだったので、すっかりそのことを忘れていたとのこと。

その後、成人してから親子で度々酒を飲むようになったが、あるとき父親が酔っぱらった拍子に、十年ほど前に浮気をしていたこと、その相手の女が首を吊って自殺したことを泣きながら告白してきた。

自宅の近くに住む若い娘だったそうだが、今でも時折、夢のなかに黒いサリーを着て現れるので、この十年間まともに眠れていないというのだった。

娘が死んだのは、カビーアさんがベランダに立つ女のシルエットを見た、まさにその頃のことだったという。

三十七　時計台

二十五年ほど前のことだという。

誰もが知る時計台の下でN代さんは待ち合わせをしていた。ところが約束の時刻になっても相手はやってこない。

毎正時になると鐘が鳴るはずだが、頭上からはそんな音は聞こえてこない。自分の腕時計が誤っているのかと、何歩か離れたところから時計台のほうを振り返ってみた。

時計ではなかった。

本来、文字盤があるはずの場所に、約束の相手――妻子のある男性だが――の巨大な顔が時計さながらに掛かっている。それは行為を終えた後に眼を閉じて眠っているときの表情で、どう見ても不倫相手に間違いなかった。

そんなばかなことが――と、何度も眼を瞬《またた》いたそのとき、正午を告げる鐘の音が、鼓膜が破れそうなほどの音量で鳴り響いた。

思わず耳を塞いだが、ふと気づくと顔は元の時計に戻っている。

しかし、先ほどの瞼を閉じた表情に得体の知れない不吉なものを感じた。

あのひとの身になにかよくないことが起きたのではと考えたが、こちらから連絡するのは禁止されていたので、どうにも動きようがない。

その後も一時間以上同じ場所で待ち続けたが、男がやってくることはなかった。

すると、その日の深夜に電話があり、妻に浮気がバレてしまったから別れてほしいと告げられたそうである。

三十八　ハロウィン

三年前のハロウィンの夜に、Tさんは友人たちと仮装をして渋谷の街に繰り出すことを計画していた。

しかし数日前に、そのなかの友人のひとりが交通事故で亡くなってしまい、ハロウィン当日は仮装どころか、みな喪服を着て葬儀場にいたという。

ところが、その日の夜のニュースで、亡くなった友人がするはずだったコスプレをした男が大きく映し出された。

それはかなりマニアックといっていいアニメのキャラクターだったが、メイクを施した顔付きや歩き方、背格好など、どう見ても本人としか思えない。

偶々《たまたま》似た体型の人物が同じ格好を選んだのだろうとTさんは思った。しかし、友人のコスチュームはすべて手作りで、アニメと同じ配色の手袋がどうしても入手できなかったのだ。

手袋ぐらいはリアリティを求めずに派手なほうがいいのではないかと、Tさんの母親のものを拝借して友人に貸したのだったが、テレビに映ったのもまさにそれと同じものだったという。

三十九　白いボール

Mさんが飲み会からの帰宅途中、酔いざましで近所の公園で休んでいると、砂場の脇に白いゴムボールがひとつ落ちている。どこかの子どもが忘れていってしまったのだろうと思った。

ベンチで煙草を吸いながら、ぼんやり考えごとをしていると、風もないのにMさんの足元にボールが転がってきた。拾い上げてみると、子どものものと思われる名前が片仮名で記されている。

それは偶然にもMさんが子どもの頃に近所に住んでいた女の子と同じ名前だった。

少し苗字が変わっていて、名前をフルネームで読むと韻を踏むのが面白く、そのことでよくからかった記憶があった。少女はなぜかMさんの小学校には通っていないことが当時は不思議だったが、今となってはなにかの事情があったのだろうと、ボールを手にしながらそんなことを考えていた。

すると、そのとき。

「かえしてよ、わたしのボール、わたしの――」

少女とおぼしき声がすぐ眼の前からしたが、どんなに眼を凝らしてもそこには誰もいない。第一、今は深夜の零時を廻っているのだ。そんな時間に子どもがこんなところにいるはずがない。

なんだか気味が悪くなり、ボールを投げ出すようにして家に帰ったが、翌朝、公園の前を通り掛かると、白いボールはもうなかったという。

四十　土砂崩れ

主婦のS香さんが祖父から聞いた話だという。

S香さんの祖父は九州の某県で公務員をしていたが、ある日、山で土砂崩れが起きたので、その視察と後片付けのために十数名の同僚と一台のバスを借り切って行くことになった。

現場に着くと、祖父たちはバスから降りたが、半分ほどの者たちはそのまま車のなかに残っておしゃべりに興じているようだった。

作業を始めてしばらく経った頃、背後で凄まじい音がした。慌てて振り返ると、バスが停まっていたはずの場所にバスがない。それどころではなく、地形が変わってしまっているのだ。地盤がまだ緩んでいたようで更なる土砂崩れが起きたのである。それでバスが流されてしまったのだった。

崩れた先は崖になっており、その下に急流の川が流れている。

時間を掛けて捜索すると、バスは完全に川のなかに落ちて、ひしゃげたように潰れていた。バスに残っていた者たちは皆ひと目で即死と判断できるほどの状態だった。

しかし、ひとりだけがどうやっても見つからない。

川下のほうに流されてしまったと思われたので、範囲を広げて捜してみたが、見つけることはできなかった。

ところが、それから数日ほど経った日のことである。

行方不明となった者の家に、いなくなった本人が帰ってきたというのだった。

玄関に出た通いの家政婦は吃驚してその家の妻を呼びにいった。とても信じられないというふうに妻は夫にすがりながら、

「本当にまあよくご無事で……。それにしても、あなた大変だったでしょう」

そう尋ねると、ああ大変だったよ、と土気色の顔で答えるが、その服も躯もぐっしょりと濡れそぼっていた。

「すぐにお風呂と食事の用意をしますから、着替えてお待ちになっていてくださいな」

妻と家政婦は俄かに慌ただしくなった。

ところがしばらく経った頃、台所でおむすびを握っていた家政婦が妻のところへ来て、

「風もないのに蠟燭が倒れたんでございますよ。なんだか妙な気がして――」

こんなときになにをいっているの、と妻は思ったが、ふとなにか気になって、夫のいるはずの居間に行ってみるが、なぜかいない。家のなかや近所を探しまわっても夫の姿はどこにも見当たらなかった。

その翌日のこと。

何度も捜索したはずの川岸で行方不明だった男の遺体が見つかった。その躯の殆どをカラスに啄まれていたという。

四十一　鉄塔

ニュージーランドに住むルーカスさんは海の近くに住んでいるが、友人の家に行くために三キロほどの海岸沿いの道を歩いていると、時折、奇妙な声が聞こえてくることがあるという。

周囲は広大な農場と反対側に海があるだけで、民家もなくひとの気配もない。

強いていえば鉄塔が立っているだけだが、耳を澄ませて音源を辿ってみると、どうやらそこから聞こえてくるように思える。

なにかの拍子に送電線が電話ケーブルの会話を拾ってきているのではないかと、素人なりにそんなふうにルーカスさんは考えていた。その声は英語でないのはたしかで、知っている他の国の言語のようにも思えなかった。

そんなある日、その道を友人の家に向かって歩いていると、また例の奇妙な声が聞こえてきたので、すかさず携帯電話を取り出して、その音を録音してみることにした。

翌日、通っていた大学に持っていって言語学の教授に録音したものを聴いてもらうと、これは原住民の言葉であると断言された。

ところどころの単語が昔のひとたちが使っていたもので、それも相当古い言葉だというのだった。話されている内容は少し精査してみないとわからないと教授は答えた。

ルーカスさんの住む街は十九世紀にヨーロッパからの入植者によって開拓されたが、それ以前はマオリ族が住んでいたといわれている。

現在もマオリのひとたちは国内に六十万人ほど住んでいるが、ルーカスさんの住む小さな街ではめったに見かけないという。

四十二　共通点

大学構内の売店で店長を務めるAさんの話である。

そこで働き始めて十年になるというAさんは、これまで多くの学生たちと顔見知りになったが、近い未来に自殺する者がわかるのだという。

もっとも最初の頃はそんなことはわからなかったが、ある共通点を見い出し、そう思うようになったそうだ。これまで十人以上の自殺を予期してきたが、百パーセントの確率で起きるのでさすがに怖くなった。しかし、今まで本人たちにそのことを伝えることはなかったという。

そんな彼らの共通点とは、鼻や口から液体とも気体ともとれないなにかが、もくもくと出てくることだった。それは白だったり緑だったり黄金色だったりしたが、ひどい者だと煙のように天井近くまで昇っていったり、吐しゃ物のように床に垂れたりする。

それを見ると、Aさんは一瞬ぎょっとはするものの、これは例のやつだと心のなかでひとり思うのだそうだ。可哀そうに感じて声を掛けてみることもあったが、意外に明るくふるまっているので、これは大丈夫そうだなと安堵するのだが、やはり数日後に自殺したことを他の学生から聞くことになるのだった。

「それはエクトプラズムのようなものですかね」

そう尋ねてみると、なんですかそれ、とAさん。

ここ最近は皆マスクをしているせいか、その現象を見ることもなく、自殺者も出ていないとのことである。

四十三　老人の腕

五年ほど前、Y子さんの住んでいた家の近所に一軒の古びた平屋の住宅があった。

その日は朝から曇天で、今にも雨が降り出しそうだった。

雨傘を持ってスーパーマーケットまでの道のりを歩いていると、例の家の前に差しかかった。すると、窓のところからシミだらけの老人とおぼしき剥き出しの両腕が外に伸びている。

手のひらをうえに向けているので、雨が降っているのか確認しているようだった。長らく空き家だと思っていたので、住人がいたことにY子さんは愕いたという。

翌日は雲ひとつない晴天で、再び件の家の前を通ったが、表札は出ていないし、庭も荒れ放題で、やはりひとの住んでいるような気配は感じられなかった。

そんなある日の夕方、子どもから電話があり、駅に着いたが雨が降ってきたので傘を持って迎えに来てほしいと頼まれた。

仕方ないわね、と子どもの傘を持って駅へ向かって歩いていると、また例の家の窓から腕が伸びている。雨が降っているのか確認しているようだった。しかし見ると、窓は完全に閉ざされている。窓ガラスから腕だけが、にゅっ、と突き出ているのだ。

――まさかそんなはずはない、きっと見間違いだろう。

そのときは急いでいたので、戻ることはせず、駅へと足を速めた。

数日後、近所の主婦と立ち話をしていたとき、なにかをきっかけに例の家の話になった。

そのひとによれば、三年ほど前まで老爺がひとりで住んでいたが、風呂場かどこか家のなかで亡くなり、それからは誰も住んでいないとのことだった。

それを聞いて以降、空がぐずついている日には、その家の前を通らないようにしたが、二年ほど前に取り壊されてしまい、ほどなく駐車場になったそうである。

四十四　アダルトビデオ

二十五年ほど前、Kさんは個人経営の小さなレンタルビデオ店でアルバイトをしていたが、L字形の店内の奥まったところに暖簾《のれん》が掛けられた一角があり、そこがアダルトビデオのコーナーになっていた。

Kさんは夜勤だったが、客の出入りのない深夜の時間帯に暖簾の奥でなにやらひとの気配がする。おかしいなと思って行ってみると、背広姿の男の下半身が暖簾越しに見えた。いつのまに来店したのだろうとなかに入ってみると、おかしなことに誰もいない。

そんなことが度々あったので、他の日に夜勤に入っている者にその出来事をいうと、やはり同じような経験をしたので、返却されたビデオを戻すとき以外には、そのコーナーには近づかないようにしているというのだった。

更に不可解なのは、新作のビデオが入荷すると、必ず一、二本行方不明になるのだが、知らぬ間に棚に戻っていたことだという。

どうせ夜勤のアルバイトが無断で借りているのだろうと、昼間勤務の者たちはそう話していたそうである。

四十五　借りてきたCD

Tさんは三年前に引っ越すまで、住んでいた街の市立図書館を頻繁に利用していたという。図書館には書籍だけでなく音楽CD、映画やドキュメンタリーなどのDVDも数多く置いてあったので、たまに気が向くと借りていたが、ある日、気になっていたジャズのCDを一枚借りたそうだ。

それは名盤として知られた一枚で、ジャズのガイド本にも必ず紹介されているアルバムだった。

期待しながら自宅のCDプレーヤーにかけてみると、どこかで聴き覚えのある軽快なピアノの旋律が流れてくる。

眼をつむりながら演奏に聴き入っていると、

「ごご、よじじゅうごふんのことでした」

突然、そんな明瞭な男の声が聞こえたので、思わずアルバムの解説を見返した。ナレーションのようなはっきりとした日本語だったからである。

ライナーノーツによれば、録音は一九六八年とあり、場所はスイスでのライヴ音源と記載されていた。

聴衆のざわめきはわかるとしても、そのような日本語の声が入ることなどありえるだろうかと疑問に思った。聴き間違いかもしれないと繰り返し再生してみたが、やはりはっきりとそういっている。

名盤とあって演奏中に日本語の声が吹き込まれていたのなら、ジャズファンの間でとっくに話題になっているはずだった。しかし、そのような話はこれまで一度も聞いたことがない。

同じアルバムを友人が持っていたので、そのことを尋ねてみると、日本語の声など入っているわけがないだろうと一笑に付されたそうだ。

それから数ヶ月ほど経ったある日、故人の蔵書や音楽CD、DVDなどの映像作品を図書館に寄贈することがあるのをTさんは新聞で知った。

処分に悩んだ遺族がそうしているようだが、買い集めた本人からしたら、なんともやるせない気持ちだろうなと感じたそうだ。

それからというもの、図書館でCDを借りることはまったくしなくなったという。

四十六　ロッキング・ホース

ベルギーのブリュッセルに住むジャンさんの話である。

ジャンさんの記憶がたしかであれば、彼が六歳の頃、父親の仕事の関係で引っ越しをすることになった。

不動産屋を営む親戚の伝手《つて》で、二十世紀初頭に建てられた大きいだけが取り柄の古い家屋を借りて住むことになったという。

ジャンさんには三角天井の屋根裏部屋があてがわれたが、少し歩くだけで、がたぴしと壁が音を鳴らす。床に敷かれたオリエンタル風の絨毯《じゅうたん》は、長年の埃《ほこり》で黒ずんでいて、饐《す》えたようなにおいを発していた。

昼間のうちはいいのだが、夜になってひとりでこの部屋にいると、なんだか寂しくて仕方がなかった。

住み始めて二週間ほど経った、ある晩のこと。

ジャンさんがベッドで本を読んでいると、窓とは反対のベッドに近い壁際から、ぎいぎいぎいぎい、となにか妙な音が聞こえてくる。

いったいなんだろうと、躯を起こして壁を叩いたり手のひらでさすったりしていると、なにか手に引っ掛かるものがあった。よく見ると、壁紙の柄がずれており、それに沿うように溝になっている。もしかしたら扉のようになっていて開くのではないかとジャンさんは考えた。

すると思ったとおり、がたん、と音を立てて板戸が外れた。その奥は暗くてよく見えないが、どうやら物置になっているようだった。もっともさほど広くはなく、子どもがふたりほど膝を曲げて入れる程度である。なかは黴臭《かびくさ》いにおいが充満していて、思わず激しく咳きこんだ。

すると、暗闇の奥に小さなロッキング・ホースが一台置いてあるのが見え、手を伸ばして取り出してみた。

相当古いものと思われる黒光りした木馬である。

ヨーロッパでは一家に一台はあるといわれ、親子三代に引き継がれることもあるという。ジャンさんも小さい頃は乗って遊ぶことがあったが、もうそんな齢ではないので、少し懐かしく感じながら木馬の座面に触れてみた。

——さっきの音はこれが揺れていた音なのかな。

そう思って、木馬を動かしてみると、ぎいぎいぎいぎい、と先ほど聞こえたのとまったく同じ音が鳴った。

きっと物置にすきま風が入ってロッキング・ホースが揺れたのだろうとジャンさんは思った。

引っ越してきたばかりで殺風景だったこともあり、せっかくなので部屋に置いておくことにした。すると時折、ロッキング・ホースがひとりでに動いていることがあったので、窓も閉めているし、すきま風もないはずなのになぜだろうと、ジャンさんは不思議に思っていた。

そんなある日の夜、彼は夢を見た。

三歳ほどの可愛らしい男の子が木馬に乗りながら、きゃっきゃっ、きゃっきゃっ、と喜んでいるというものだった。

それも連日のように同じ夢を見るので、部屋の木馬を動かしているのは、もしかしたらその男の子ではないのかと考えるようになった。

昔この家に住んでいた子どもの幽霊――そういったものに違いない。

しかし、彼はひとりっこで弟が欲しいと常々思っていたせいか、そのことを少しも怖くは感じなかった。むしろ本当に弟ができたような、しかし誰にも告げたくはない――そんな密やかな喜びを抱きながら、ひとりでに揺れる木馬を眺めるのだった。

数週間ほど経った深夜のこと。

ぎいぎいぎいぎい、とロッキング・ホースが揺れる音でジャンさんは目覚めた。眼が暗闇に慣れないなか、音のほうに視線を向けてみると、木馬のうえに小さなシルエットが見える。

——あれは夢に出てくる男の子だ。やっと出てきてくれたんだね。

そう思い、すぐにヘッドボードの照明をつけると、淡い橙色に照らされたそれは、ジャンさんの思っていたような男の子ではなかった。

顔に深い皺《しわ》の寄った、赤子ほどの大きさの老婆が木馬に乗って揺れていた。

あまりのことにベッドから飛び出したジャンさんは、両親の寝室に駆け込んだ。

慌てながら事情を話すと、きっと怖い夢でも見たんだろうと、最初のうちは笑って取り合ってくれなかった。しかし、いつまでもジャンさんがひどく怯えているので、それなら一緒に行ってあげるよ、と父親がいった。

ふたりで屋根裏部屋に上がると、さきほどの老婆はまだ木馬のうえに乗っていて、奇妙な唸り声を発しながら揺れている。

父親はそれを見るなり、ううわッ、とひと声大きく叫び、よろめきながら床のうえに両手をついて転がった。すると、しばらくして老婆の姿は暗闇にとけ込むようにして消えていった。

それからは屋根裏部屋で過ごすことはなくなり、夜も両親と一緒に寝るようになった。ロッキング・ホースは貸家にあったものにもかかわらず、父親がどこかで処分してしまったという。

結局、その家にも長く住むことはなかったそうである。

四十七　友人の死体

会社員のOさんは大学時代に友人を自殺で失くしたそうである。

彼の死を最初に気づいたのはOさんだったそうだが、その経緯がまったくもって不可思議なのだという。

三回生のとき、入学以来親しくしていた友人のひとりが突然、講義に来なくなった。アルバイト先でのトラブルをきっかけに友人は少々鬱っぽくなっており、そのことがOさんは気になっていた。

「そんなバイトなんて辞めちまえよ。話を聞く限り、その雇われ店長がクソだな。お前は全然悪くないよ」

Oさんがそう慰めると、「ああ、そうだよな」と答えるのだが、日に日に友人の様子がおかしくなっていくのを感じた。

そんな矢先、大学に姿を見せなくなったので、Oさんは何度も電話を掛けてみたがコール音が聞こえてくるだけだった。

どうせ家に閉じこもっているのだろうと、コンビニエンスストアで差し入れの菓子をたくさん買い込んで友人のアパートに向かった。

取り壊し寸前の古い木造の建物である。

呼び鈴がないので何度も戸を叩いてみるが、一向に出てくる気配がない。

「こんな家に泥棒なんて入らないよ」

そういって普段から鍵を掛けていないことを知っていたので、ドアノブを回してみると、案の定、玄関の戸は施錠されていなかった。

カーテンの閉ざされた薄暗い陰気な部屋のなかを、名前を呼びながら入っていく。するとすぐになにかが彼の肩に触れた。眼を凝らすまでもなく、それは力なく揺れる縊れた友人の躯だった。

もしやと思って来たのであったが、まさか本当にこんなことになっているとは思わなかった。友人の煎餅布団のうえに腰が抜けたようにへたり込んだが、それでもなんとか気力を振り絞って近くの交番へ行き、事情を話した。

ふたりの警官と一緒に再びアパートへ戻ってみると、どうしたことか、つい先ほどぶら下がっていた友人の死体がない。

警官たちは、暗かったのできっと見間違えたんでしょう、といって笑っている。

Oさんは真剣な表情で、

「いや、本当なんです。友人がそこの天井からぶら下がっていたんですよ」

そう必死に説明するが、いわれてみれば、友人が首を吊っていた真上には紐をかけるところなど、どこにもなかった。

承服できないものの、死体がないとあってはどうしようもない。

とりあえずその日は帰宅したが、翌日、友人の縊死体が大学の裏手に広がる欝蒼とした雑木林のなかで見つかった。

死後三日ほど経過していたという。

四十八　ショートカット

美容室を経営するYさんの話。

十五年ほど前、以前勤めていた店で一見客があった。

二十代半ばほどの、髪が腰まであるようなロングヘアーの女性である。

黒い日傘に白レースの手袋をはめていて、その世代の女性らしさがない。どことなく浮世離れしている感じがあった。

そのとき店には自分しかいなかったので、Yさんが担当することになった。

どれくらい切りますかと尋ねると、なんの躊躇いもなく、耳が出るほどのショートにしてくれという。

かなりスタイルが変わってしまうため慎重に髪を切っていく。

他の客へいつもするように色々な話題で話しかけるのだが、どうしたわけか、うんともすんとも答えない。なかには会話を厭がるひともいるだろうと、話すことはやめて腕だけを動かした。

終わった後、客は満足しているのかわからないが、なにもいわず金を払い帰っていった。

その翌日のこと。

他店のヘルプに行っていたYさんが店に戻ると、ちょうどひとりの女性客が支払いをして出ていくところだったが、それは昨日、自分が髪を切った客に違いなかった。

しかし、パーマやカラーリングをした様子はない。昨日カットしたばかりなので、いったいなぜだろうと思った。

客が帰った後、施術した担当者に今の女性のことを訊いてみると、

「すごいロングだったのに、耳が出るほどのショートカットにしてくれと頼まれたそうなんです。二日連続ですよ、そんなのありえませんよね」

そのYさんの言葉を聞き、もしかしたら女性は一卵性の双子だった可能性はありませんかね、と私は質問してみた。

「最初は僕もそう思ったんです。でも顧客カルテ――最初に書いてもらうカードなんですけど、その紙が二枚あって、両方とも同一の住所と名前だったんです。それもコピーしたかのように文字の書きぶりが寸分違わず同じだったんですよ」

店からはダイレクトメールを毎月のように送っていたそうだが、以降、その女性客は一度も来店しなかったそうである。

四十九　向かいのビル

Sさんの勤める会社はビルの十階に入っているが、職場で妙なうわさが流れていた。それは真向かいに建つビルの、ちょうどSさんたちの会社と同じ十階のところから、ひとがこちらに向かって歩いてくるというものだった。

要するにその人物は空中に浮いているわけだが、Sさんのオフィスまであと二十メートルほどとなったとき、忽然と姿が消えてしまうというのである。それを数人の女性社員が目撃したというので、すぐに幽霊だなんだと騒ぎになったが、そんな馬鹿なことがあるわけないだろうと、Sさんは侮蔑するような心持ちで彼らを眺めていた。

その頃、長く連絡を取っていなかった大学時代の友人と会社の近くで偶然会った。話をしていると、友人の会社もここからすぐだというので場所を尋ねてみると、Sさんの会社の向かいのビルの、十階に入っている貿易会社というのだった。

思わずはっとして、Sさんは会社でのうわさ話を友人に話してみると、しばらく黙って聞いていたが、

「そうか、そいつはたぶんうちの社員だった男かもしれない。彼は交通事故で亡くなってしまったんだ。そろそろ一年になるかな。仕事もできて本当にいいやつだったんだけど―

――」

暇さえあれば窓の向こう――Sさんの会社のビルのほうを眺めていたという。

「いつもそうやって君はなにを見ているんだ、と前に一度訊いたことがあったけど、なんだかばつの悪そうな顔をして笑ってはぐらかされたよ」

よく晴れた日の昼下がりなどに、今でも男の姿を目撃する者が時折いるそうである。

五十　紙飛行機

三十年ほど前のことだという。

当時、Tさんは小学三年生だったが、クラスの友人たちの間で、紙飛行機作りが流行《はや》ったそうだ。

上手な友だちをまねして紙を折るのだが、Tさんはなかなかうまく飛ばすことができなかった。それでも紙飛行機を作ることが楽しく、先生から帰宅を促されるまで体育館や校庭で夢中になって飛ばしていた。

そんなある日のこと。

家へ帰ってから宿題もせずに紙を折っていると、頭のうえをなにかが翳《かす》めた。見上げると紙飛行機である。

ぐるぐると旋回しながら部屋のなかを飛んでいたが、やがて低空飛行になり、それでもなかなか落ちず、時間を掛けてようやく絨毯のうえに腹をつけた。

試行錯誤しながら紙を折ってはいたが、まだ飛ばしてはいない。では、これはいったい誰が飛ばしたのだろうか。それに使われている紙も妙な文字が書き込まれた見覚えのないものだった。

Tさんはひとりっこである。

そのとき家にいたのは母親だけで、一階の台所で鼻歌を唄いながら夕餉の支度をしていたという。

五十一　アルルの女

ベルギー人のリアムさんはパリの美術学校に通っていた頃、サン・ジェルマン・デ・プレ地区のボザール通りからほど近いレストランでアルバイトをしていたという。

十年ほど前のある日の夜、案内をしていないはずなのに、店の入り口近くの席に女性がひとりで腰掛けていた。

齢は五十代ほどだろうか。ボリュームのある白いフリルが付いたブラウスのうえに黒い上着を着ている。テーブルのうえに肘をつき、軽く握った手の甲に自身の頬を乗せる感じで、じっとこちらのほうを見つめていた。

それを見た瞬間、なんともいえない既視感をおぼえた。

なんだろうと考えるまでもなく、フィンセント・ファン・ゴッホの描いた『アルルの女』にそっくりなのだとリアムさんは思い至った。

注文をまだ取っていなかったので、慌ててメニュー表を席に持っていこうとすると、どうしたことか女性の姿がどこにもない。トイレかと思い、しばらく待ってみたが、いつまで経っても戻らないので、店のなかにはもういないようだった。

学校が長期休暇に入ると、リアムさんはアルバイトも休みをとってベルギーの実家に帰省した。

リビングで古いアルバムをなにげなく見ていたところ、何枚かの写真に先日アルバイト先のレストランでいなくなってしまった女性が写っているので吃驚してしまった。食い入るように見るが、間違いない。

すぐに母親を呼んで、これは誰かと尋ねると、

「なに、あなた知らないの。このひとはお祖母《ばあ》ちゃんじゃない。お父さんのお母さんよ。でもそうね、うちはそういう写真を飾らないし、あなたが生まれたときにはもう亡くなっていたから、知らなくても無理はないわ」

写真を覗きこみながら、そんなふうにいった。

自分が働くパリのレストランでこの写真の女性――祖母を見たことをいうと、そんなわけないでしょう、と母親は笑った。

その女性を見たとき、彼は絵画の『アルルの女』をすぐに想起したことを母親に告げると、

「あらそうなの、お義母《かあ》さんも南フランスのアルル出身だったわよ」

なにも愕くことはないといった顔で、そういったという。

五十二　揺れる影

五年ほど前、都内の桜の名所で職場の者たちと花見をすることになったが、Ｙさんは幹事だったため、早い時間に場所取りをしなければならなかった。

みんなが仕事を終えてやってくるのを、ビニールシートのうえに寝そべって読書をしながら待っていた。

すると、開いたページのうえに黒い影ができ、それが、ゆらゆら、ゆらゆらと揺れている。なんだろうと見上げるが、桜の太い枝があるだけで揺れる影ができるようなものは特に見当たらない。

すると、見知らぬ六十代ほどの男性が近づいてきて、

「あんたら、そんなところで花見するのかい。先々月だったたか、ちょうどそこで首吊ったやつがいてな。俺が見つけたときは、そりゃもうびっくりしたよ」

そういわれたという。

五十三　おみやげ

　現在六十代の男性Kさんの息子が小学校に入学する前というから、五歳ほどであったろうという。

　夏の終わりのある午後、突然、息子が家からいなくなっているので、家族総出で心当たりの場所を探したが、どこにもいない。

　もう陽も暮れていたので警察に届け出をしようと話し合っていたところ、玄関の引き戸が、がらがらがら、と開いたので、みな一斉にそちらのほうに向かった。すると、息子がきょとんとした顔で三和土《たたき》のうえに立っている。妻はスリッパのまま息子の傍に駆け寄ると、安心したせいか、わっと泣きながら、わが子を抱きしめた。

　まだ右も左もわからない年ごろとあって、叱っても仕方がないだろうとKさんは思った。と、そのとき、息子が半透明の小さなビニール袋を持っているのに気づいた。

「ドングリの実でも拾うてきたんか？」

　すると、息子は首を振りながら、

「ちがうよ。きょうおにわであそんでたら、おじいさんかおばあさんか、ようわからんひとがぼくのところにきてな、ぼうやいっしょにおいで、っていうからついてったんだ」

そう話し出したので、家族はみな固唾《かたず》を呑んで聴いていると、

「なんかおはかみたいなところにいってね、そこでいろいろしてあそんでいたの。そしたら、『ぼうや、もうおそいからおかえり』って、これをくれたんだよ」

袋のなかを覗くと、白くて小さな貝殻か珊瑚のようなものが五つほど入っている。

なんやこれは、と取り出して手で摘んでみると、大小あるが、どれも似たような形状をしている。小さな仏が合掌しているような形だった。

「うわッ、これ喉仏やないかって、びっくりぎょうてん。返そういうても場所もようわからへんし。近所のお寺さんに事情を話して引き取ってもらいましたわ」

そんなことがかつて一度だけあったそうである。

息子はそのときのことを今でもはっきりと憶えているそうだが、老人の性別はやはりよくわからないという。

五十四　ダーツボード

「ひとを呪い殺したことならありますよ」

以前、編集者に連れられてキャバクラ店に行った際、席についたアオイさんが、なにかの話をきっかけにそういった。アオイというのはもちろん源氏名である。

「……ほう、それは穏やかじゃないね。いったい、どういうこと？」

そう尋ねてみると、アオイさんは慣れた手つきで酒をマドラーでかき混ぜながら、

「わたし、高校のときから、ずうっと付き合っていた彼氏がいたんですけど――」

高校を卒業後、アオイさんはネイリストの専門学校に通うことになったが、彼氏は進学も就職もせずにニートのような生活を始めたという。

ある日、友人に勧められてキャバクラで働き始めたが、頑張ればそのぶん収入がいいので、普通のアルバイトなどできなくなってしまった。実家も裕福ではないので、自分で学費を払って専門学校を卒業したそうである。

ネイリストとしての技術は身につけたが、キャバクラで働くほどの収入はとても見込めそうもない。それで今でもこの世界に身を置いているのだとアオイさんはいう。

彼氏と同棲を始めたが、向こうは無職なので、家賃や食費など生活費のすべてはアオイ

さんの稼ぎで賄《まかな》っていた。いわゆるヒモである。

「好きだったから、まあそれでもいいかなって思っていたんです。でも彼氏、ちょっとルックスがよかったせいか、友だちからホストやらないかって声掛けられて、バカだからその気になっちゃったんですよね」

自分もこの業界にいるのだから、彼氏が少しくらい浮気をしても仕方がないものと思っていた。ところが、店での人気はあるようだが、いつも時間通りに帰ってくるので、客と深い関係を持つことはない様子だった。

「かといって、家にお金を入れることはしないんです。向こうも結構稼いでいるはずなのに。それで、わたしも色々ストレス抱えちゃって、つまらないことで喧嘩するようになったんです」

そんなある日、またいつものように些細なことで口論になった。

いつもだったら自然と収束するのに、その日に限っては言い合いがエスカレートし、挙句の果てには別れ話にまで発展してしまった。

彼氏の憤り方も今までに見たことがないほどで、もはや仲直りなどできそうにない。ふたりは別れることになったそうである。

「元々わたしが借りていた部屋なので、向こうが出ていくことになりました。ところが最後に『俺が今まであげたもの全部返してくれよ』なんていうんです。それって最低じゃないですか？　殆どなにもくれなかったくせに。そんな男と長く付き合っていたのかと思うと情けなくて、すごく泣けてきちゃって――」

気分転換に実家へ帰省した際、弟が学生時代に買った玩具のダーツボードを見つけた。

電話で弟に訊いてみると、もう要らないという。面白そうだなと思い、アオイさんがもらうことにした。

ボードはマンションの部屋の壁に掛けておいたが、インテリアになっただけで、しばらくの間やることはなかった。

そんなある日、専門学校時代の友人から連絡があった。久しぶりなので、どうしたのかと思ったら、

「この前、あなたの彼氏が他の女と歩いているところを見ちゃったんだけど。女の腰に手をまわしていたから――そういうことだよね」

思わぬ内容に少し愕いたが、

「平気だよ。もう別れてるから」

アオイさんがそう答えると、

「えっ、そうだったんだ。でも、その相手がS美でも？」

S美は高校から専門学校まで一緒だった無二の親友で、今でも週に一度は電話で話したりお茶をしたりするほどの仲だった。彼氏と別れたことも伝えていたが、さほど愕いた様子でなかったのが、少し意外に感じたことを思い出した。

それからほどないある日、彼氏はアオイさんと別れる一年も前からS美と深い関係にあったことを、先日の友人が知らせてきた。S美自身の口から最近そのことを告白されたというのである。

それを知ってアオイさんはショックに打ちひしがれた。

一年の間にS美とは何度も電話をし合い、会ってもいる。彼氏のことで相談したことも一度や二度ではなかった。が、そんなことはおくびにも出さず、S美は平然とした顔をしていたのだ。

それ以降、こちらから連絡をとることはやめた。たまにS美から着信が入ったが、どんな顔で掛けているのかと思うと腸が煮えくりかえり、電話に出ることはなかった。

「最初は本当に軽い、ふざけた気持ちだったんです」

高校生の頃にS美と一緒に撮ったプリクラがクリアファイルに入っていた。

そのうちの一枚を取り出すと、S美の顔の部分だけをまるく切り抜き、ダーツボードのインナーブル——的の真ん中の部分に貼り付けた。

ダーツを手に取り、投げてみる。ところが、的にすらまともに当たらない。周囲の壁は穴だらけになってしまった。

「どれくらいかは覚えていませんが、百回、いいえ、二百回は投げたかもしれません」

これで最後にしようと思ったその投擲で、ダーツはS美の顔の中心にずぶりと突き刺さった。そのことで溜飲が下がったアオイさんは、とたんにS美への憎しみなど忘れてしまった。

ダーツボードもそのままに幾日か過ぎた頃、再び友人から連絡があり、S美が死んだことを告げられ、アオイさんは絶句した。

「自殺したというんですけど、遺書のようなものがなくて、理由がわからないそうなんです。私から彼氏を奪い取ったわけですから、彼女は幸せだったはずなんですよ。もっとも、ふたりの間でなにかあったのかもしれませんけど。でも、自殺なんてよほどのことがなければしないと思うんです。どうやって亡くなったかということも、結局はっきりしませんでした」

自分があんなことをしたせいで死んでしまったのではないか——そんな考えが頭のなかを駆け巡る。

が、そんなことが起こりえるだろうか。単なる偶然に違いない。そんなふうに自らを慰めた。葬儀には出ようとしたが、急に四十度近い熱が出て、歩くこともままならないため、出席することができなかった。

数日後に体調は戻ったが、どうにも釈然としないものが残る。そうだ、と思い、棚のクリアファイルを手に取った。

「ただ試してみたかったんです。本当に呪いだったのかどうかを」

だいぶ前に彼氏と撮ったプリクラを取り出して、相手の顔の部分を切り抜く。そしてダーツの的の真ん中に貼り付けた。

狙いを定めてダーツを放つ。が、以前と同様、なかなかインナーブルには命中しない。

「やっぱり百回以上は投げたでしょうか。ようやく彼氏の顔に刺さりましたが、ああいうのって不思議ですね。やっているうちに熱くなって、絶対に突き刺さるまでやめるもんかってなってしまうんですから」

しかし何日経っても、彼氏が死んだという報せはどこからも入ってこなかった。それどころか、働いている店で指名一位を獲るなど、華々しい話ばかりが耳に届いた。

S美が死んだのは、やはり呪いなんかではなかったのだ――そう確信していたアオイさんの元に、彼氏が瀕死の重傷を負ったというニュースが飛び込んできた。

複数の見知らぬ男たちに囲まれ、路地裏に連れ込まれて袋叩きにあったのだという。

明け方だったため、発見されるまでに時間が掛かったが、幸い命に別状はなかった。だが、後遺症が残るほどのひどい怪我を負い、ホストの仕事は続けられず辞めたそうである。

「それが超ウケるんですよ。だって、ひと違いでボコボコにされたみたいなんですから」

冷やかな笑みを湛えながら、アオイさんはそう語った。

五十五　口を開けた男

　Cさんは大学生の頃、戦前に建てられたという木造の共同住宅に住んでいたが、夜眠っているとなんだか胸苦しくなり、寝返りをうつと近くの畳のうえにランニングにステテコ姿の男が横になって白眼を剥いているのが見えた。

　その口がなにかいいたげにまるく開いているが、どう見てもその虚ろな表情は生きているひとには思えなかった。怖くなって布団にもぐりこみ、少し経ってから顔を出してみると、ひとなどどこにもいない。夢なのか現実なのかわからないが、そういうことが数え切れないほどあった。

　そんなとき、銭湯で顔見知りになった町会長をしているというその世代としては物腰の柔らかい男性としゃべっていた際、話の流れでCさんが住んでいる場所を告げると、

「ああ、おたくさんは、あそこの貸間に入っておられましたか。いやしかし、あの建物は古いですな。なんせ、わたしが物心ついたときにはもう建っていましたからねえ」

　と、そういうので、連日の悩みの種だった夢なのか現実なのかわからない男のことを話してみた。すると、

「オイルショックの後でしたから、あれはたしか昭和五十年くらいでしたか。あの建物で

ガス管をくわえて死んだひとがおりましてね。どの部屋かは知りませんが。たしか大家の親戚だとかいう大学生の若者でしたよ」

そういったという。

五十六　川のなかの女

日本のソフトウェア開発会社に勤めるアメリカ人男性オリバーさんの話である。

二年ほど前のことだという。

残業を終え、いつものようにクロスバイクに跨ったが、少し寄り道をしてみたくなり、普段は通らない川沿いの道を走ることにした。

障害物の少ない夜道を気持ちよく乗っていると、進行方向の左手に流れる川の真ん中辺りに白っぽい人影のようなものが見えた。こんな時間になんだろうと眼を凝らすと、それはやはり白い服を着た女性のようだった。

中州があるような川ではないので、あの位置にいるとすれば水のなかに浸かっているはずである。流れはさほどではないにしても、秋も終わろうとしている時期とあって、これはただごとではないと感じた。

まさか入水するつもりではないかと思い、オリバーさんは自転車から降りて、あのうスイマセン、と大きな声でいってみた。距離からして聞こえているはずだが、女はまったくこちらを振り向こうとしない。

マイッタナ……と、そう思ったとき。

すぐ眼の前の橋の欄干のうえに同じ白い女が立っていた。

逆ならともかく、川のなかからそんな高いところに跳び上がれるはずがない。それも瞬時の出来事で、時間にしたら二秒も経っていなかった。

慌ててサドルに跨ると、今来た道を戻るように自転車を飛ばした。振り返らずに必死にペダルを漕いだが、どうやって自宅まで帰ったのかもよく覚えていないそうだ。

以降、その川沿いの道はなにがあっても通らないようにしているという。

五十七　ウェブ会議

　緊急事態宣言を受けて、Mさんの会社でもテレワークをすることになったが、納期の迫った仕事が山積みだったため、チームでウェブ会議を行うことにした。

　六人のメンバーがMさんのノートパソコンの画面に映し出される。

　皆自宅からアクセスしているが、若いひとたちは自分の背景を外国の風景やおしゃれな空間など思い思いのものに変えているようだった。面白いなあと感心しながら見ていると、F子さんという中堅の女性社員の背後に、彼女の三倍はありそうな巨大な男の顔が映っているので、

「君のバーチャル背景はなんだね、それは」

　そう尋ねてみると、そのとき初めて気づいたようで、

「えっ、やだこれ、なに、あのひと――」

　そういったかと思うと、F子さんの枠ごと画面から突然消えてしまった。

　何度呼びかけても戻ってこないので、結局残りのメンバーだけで会議をしたが、終わった頃にF子さんから電話が掛かってきて、急に端末の調子が悪くなってしまい、参加できなかったというのだった。

背後にいた男は、彼女が大学時代に付き合っていた彼氏によく似ていたが、今は料理の修業中でスペインにいるはずだということだった。

五十八　パジャマの老人

Yさんは学生時代、葬儀場でアルバイトをしていたそうである。

五年ほど前のある日の夕方、ホールの玄関を掃き掃除していると、喪服姿の男性弔問客が駐車場に停めた車に向かって歩いているのを見た。

すると、そのすぐ後ろをパジャマ姿の老人が追うように歩いている。腰の曲がった姿と移動する速度が不釣り合いなので不思議に感じた。それにこんな場所でパジャマ姿というのもおかしな話である。

「よく見たら足がまったく動いてないんです。スケート靴でも履いているみたいに、つうーっと滑る感じで」

男性が運転席に乗り込むと、パジャマを着た老人は後部座席のドアへ吸い込まれるように消えてしまったという。

五十九　教えてあげる

イギリスの南東部ブライトンに住むグレースさんという女性の話である。

彼女が十二歳の頃のこと。

親友のエミリーさんが、自分の家は古い墓地のうえに建っているのだといった。

最初のうちは冗談だろうと思っていたが、家のなかで奇妙なことがたくさん起きるのだといい、なかでも自分の部屋にある人形が怖いというので、グレースさんは彼女の家まで見に行ったそうだ。

それは一見、なんの変哲もない少女を模した人形だった。

これのなにが怖いのかと問うと、もう人形遊びをするような齢ではないのでクローゼットに仕舞い込んでいるのだが、夜寝ているときにそこから抜け出し、エミリーさんのベッドに入ってくるのだという。朝起きると真横に人形の顔があり、虚ろな眼で彼女のことを見つめているというのだ。

そんなことあるわけないと笑って聞いていたが、人形の顔を見ているうちに、なにか普通でない薄気味の悪さをグレースさんも感じたという。

それほど怖いのなら捨ててしまえばいいのでは、と助言すると、亡くなった祖母からもらったものだからそんなことはできない、と強くかぶりを振るのだった。

するとその日の夜、エミリーさんから電話が来て、

「今ね、人形がしゃべったの。ベッドのうえで本を読んでいたら『そんなものよりもっと面白いこと教えてあげるよ』って、はっきりそういったの」

昼間の人形はたしかに気味の良いものではなかったが、しゃべったというのはさすがに気のせいだろうと思った。

「これから少し人形とお話ししてみるから、続きは明日報告するね」

そういって電話を切ったが、翌日、エミリーさんは学校に来なかった。

その日の早朝、家の裏手に広がる沼で溺死体となって見つかったのだという。

六十　念写する男

　二年ほど前、バーテンダーのSさんの店に念写ができるという客が来店したという。

　念写といえばポラロイドカメラなどで撮るものと思っていたが、デジタルカメラやスマートフォンでも大丈夫だというので、そばで飲んでいた常連の五十代の男性客が、

「面白そうじゃないか。ひとつやってみてよ」

といった。すると男は、いいですよ、と答え、

「僕のスマホで念写してもヤラセだと思われますから、あなたのでやってみましょうか」

　そういって、常連客のスマートフォンを受け取った。

「今からあなたが一番会いたいと思っているひとを念写してみます。別に僕に念を送る必要はありませんよ。僕があなたの意識にアクセスするだけですから」

　ちょっと触りますよ、と断ってカメラ機能を開くと、レンズ部分に指を付ける。画面に頭を近づけると三十秒ほど眼を閉じて、パシャリとシャッターを切った。

　男は画面を見るとひとりで頷いて、

「この方ですよね。あなたが一番会いたいひとは」

　そういいながら返したとたん、常連客は、わッ、といって、テーブルのうえにスマート

フォンを投げ出した。

「なんなんだ、このひとは。これは、ここに写っているのは学生時代の友だちだよ。しかも当時のままの姿じゃないか。そうだ、俺はこいつに会いたかったんだ。あんなふうに死んじまったから」

男性客は大学時代に山岳部に所属していたそうだが、登山中に落雷事故に遭い、十数名いたメンバーのうち写真に写った友人だけが亡くなってしまったというのだった。

会いたいひとの顔が見られたというのに、なぜか男性客は金を払うとそそくさと帰っていってしまった。念写をした男はその様子を横目で見ながら鼻で笑っている。

「今のお客さんが帰ったのは、きっと気味が悪くなったからですよ。あのお客さんが会いたいと思っていたのは、実はまったく別のひとだったんです。僕が念写したのは、あのお客さんに、会いたいと思っているひとだったんですよ」

薄く笑いながら男はそういった。

それまで週一ほどのペースで通っていた男性客は、それ以降ぱったり来なくなってしまった。念写をした男もあれから姿を見せないそうだが、もし来店したら今度は自分が念写をしてもらうつもりだとSさんはいう。

六十一　警告

主婦のY子さんが中学三年生のとき、学校帰りに寄った塾が終わり、自宅の近くで信号待ちをしていると、

「あぶないッ」

突然、男の甲高《かんだか》い声が聞こえたので、思わず一歩後ずさると、トラックが徐行もせずに近づいてきて、Y子さんの立つすれすれのところを通って右折していった。

——危なかった。もしあの声がなかったら、間違いなく轢かれていただろう。

相手がトラックとあって、もしぶつかっていたら、ひとたまりもなかったに違いない。すぐに周囲を見やるが、ひとの姿はない。お礼をいいたいが、誰の声だったのかわからなかった。

自宅に帰ってそのことを話すと、母親は心配そうに、

「まったく気をつけなさいよ。あそこは前にも事故があって、亡くなっているひとがいるから」

Y子さんはふと、あのときの声は亡くなったひとが自分に警告を与えてくれたのではないかと思った。

「それって、もしかして男のひとだったんじゃない？　若いひとじゃなくて、おじさんっぽい感じの――」

そう尋ねてみると、いいえ、と母親。

「お婆さんだったわよ」

するとそのとき、父親が仕事から帰ってきたが、

「会社を出て駅前の交差点に立っていたら、ものすごい勢いで車が近づいてきてさ。眼の前に制服を着た女の子がいたから、思わず『あぶないッ』って叫んだら、突然消えちまったんだよ、その子が。信じられないかもしれんが、本当なんだ」

興奮した面持ちで、そういったという。

六十二　フランゴ・カステッロ

五年ほど前、ギリシャ旅行に出掛けたSさんは殆どの日程をクレタ島で過ごしたが、気持ちよく晴れ渡ったある日、南海岸のビーチで日光浴を楽しんでいた。

陽も落ちかけたので、そろそろホテルに戻ろうと立ち上がった瞬間、立ちくらみがして、思わずその場に膝をついた。どうやら日光を浴びすぎて脱水症状を起こしてしまったようだった。

——と、そのとき。

無数の奇妙な格好をした男たちが砂浜のうえを歩いている。

白いスカートを穿いた、先の曲がった剣を腰に差している前近代の兵士のようないでたちだった。

彼らは海から近い十四世紀に建てられたという古城、フランゴ・カステッロのほうに向かっているように見えた。近くで映画の撮影でもしているのだろうかとSさんは思ったという。

少し休憩した後、ホテルに戻って、レセプションの男性にそのことを話したところ、

「かつてこの地で起きたオスマン帝国からの独立戦争のことはご存知ですか。そのときト

ルコ人に虐殺された兵士たちの幽霊が、この周辺で頻繁に目撃されているのです。ろくに埋葬されなかったようですから」

と、そう教えられた。

城は独立戦争時に要塞として使われたせいか、兵士たちは城やビーチ周辺によく現れるそうだが、Ｓさんのようにはっきりと彼らの姿を見た者は、それほどにはいないということだった。

またフランゴ・カステッロには、ずっと遡った中世の兵士の幽霊も出るといわれているそうだ。深夜になると馬に跨って行進する騎士たちの姿が城の上空に浮かび上がり、夜明けとともに海のほうにむかって消えていくという。

六十三　表札

十年ほど前の秋の彼岸のことだという。

主婦のF子さんが菩提寺へ墓参りに行くと、ちらほらと先客が来ていたが、みなそれぞれに先祖の墓の手入れをしていた。

F子さんも墓の周囲を掃いたり墓石を磨いたりした後、持参したリンドウを供えていると、十メートルほど離れた前方に、白髪に眼鏡を掛けた七十代ほどの小柄な老人が横を向いて立っている。手を合わせるでも線香を焚くでもなく、ひとつの墓をじっと見つめているようだった。

おそらく自分の家の墓なのだろう。なにか思いつめた表情なので、F子さんは気になった。家族は一緒ではないのか。ひとりで墓参しているところを見ると、奥さんか誰か身内のひとが最近亡くなってしまったのだろうか——。

そんなふうに考えていたが、帰り支度をしているうちに、老人の姿は見えなくなっていた。

その帰途、商店街で買い物をしながら歩いていると、アーケードを抜けたところの一軒の古びた住宅の前に、先ほど墓地で見かけた老人が佇んでいた。

ブロック塀は上部が半分ほど崩れ落ちてしまっている。そこに掛けられた粗末な表札を老人は指でなぞっていた。何度も何度も繰り返すその姿がなんだか不気味に見える。あんなことをしているのだから、おそらく自宅なのだろう。理由はわからないが、ずいぶん変わったひとだな――と、そんなことを思いながら横目で眺めつつ、老人の背後を通り過ぎた。

帰宅後、義母とお茶を飲みながら先ほどの出来事を話すと、

「そのお宅って、もしかしてあそこの家のことかい」

怪訝な表情で義母がそう尋ねる。話を聞くと、それは老人が立っていたまさにその家のことだった。すると、義母は一層愕いたような顔で、

「その男のひとは眼鏡を掛けていて、背丈も私と変わらないくらいじゃなかったかね」

と、そう訊くので、

「ええ、その通りですけど」

F子さんが答えると、義母は深くため息をついた。

「……やっぱり。あのひとは小学校のときの同級生なの。でもね、一昨年に病気で亡くなったのよ。長いこと心臓が悪くてねえ。わたし、お葬式にも出たのよ。なにかが気がかりで浮かばれないのかしら。可哀そうに――」

涙ぐみながら、そういったという。

六十四　夜の公園

心霊スポットとして有名な廃ホテルが解体され、公園として整備されることになった。

そのすぐ脇のマンションに住むBさんの部屋からは朽ち果てた建物が一望できたが、視界に入るだけで陰鬱になるので、窓辺に立って外を眺めることはついぞなかったという。

これでようやく妙な輩《やから》が夜中にやって来て騒ぐことはなくなるだろうと安堵した。

しかし公園ができてからも、深夜になると窓の外から、がやがやと複数人が話し合うような声や喧嘩をしているような烈しい物音、男か女かわからないが、断続的に叫ぶような声がしてくる。

それも日に日にひとが集まってきているらしく、公園になってから更にひどくなっているように思えた。

いよいよ我慢ができなくなり、Bさんは警察に通報するため電話を手に取った。

どれくらい来ているのだろうと、そっとカーテンを開けてみると、青い芝が外灯に照らされているだけで、どういうわけか、公園のなかにはひとっこひとりいない。

窓から顔を出して付近の道路や駐車場も見てみたが、ひとの姿はどこにもなかった。

どの場所からなのかはよくわからないが、音は止むことなく聞こえてくる。

「公園になる前から騒がしかったのは、もしかしたら、そういうことだったんですかね」

夜は耳栓をして眠るようになったそうである。

六十五　闖入者《ちんにゅうしゃ》

トルコ人のジャンさんは子どもの頃、テレビで日本の大工を紹介する番組を観て、その細かい職人技にすっかり魅了され、学校を卒業するとすぐに来日したという。

中部地方の小さな工務店で拾われ、下働きをしながら仕事を覚え、今では棟梁《とうりょう》を任されているそうだ。

そんなジャンさんが、以前、仕事のさなかに不可思議な体験をしたという。

八年ほど前、ある地方都市の郊外で一軒の広壮な住宅が取り壊された。

かなりの敷地面積があったので五軒に分割され、宅地として売り出されたという。幹線道路や大型商店にも近く、場所がいいので五つのすべてに買い手がつき、そのうちの一軒の施工をジャンさんの会社が手掛けることになった。

工事も殆ど終わると、内装業者などの出入りが始まり、俄かに現場が活気づく。顔見知りの場合も多く、「ジャンさん元気だったかい？」などと会話も弾むので、仕事をしていて、そのときが一番心安らぐのだという。

その日もやはり何度か仕事をしたことのある同世代の男性の業者が来ていて、昼休みは一緒に弁当を食べたり、難しい日本語を教わったりした。

午後になって業者の男性は帰っていったが、それとほぼ同時に三十代ほどの、頭にサンバイザーをした細身の女性がひとり、玄関からふらりと入ってきた。見たことのない顔で、女性とあって施主の奥さんだろうかと思った。

ジャンさんは頭を下げたが、まるでなにも見えていないかのごとく彼のことを無視して真横を通りすぎる。その瞬間、魚の腐ったようななんともいえないにおいがしたので吃驚したという。

家の構造を熟知しているのか、迷いのない進み方で家のなかをぐるぐると歩きまわっている。いや、歩いているというより、滑るように移動しているのでジャンさんは気になって後をついていった。すると、洗面所の床に設けた点検口の蓋がいつのまにか開いていて、女性はそのなかになんの躊躇いもなく入っていく。こんなところに入るのは自分たちや水廻りの業者くらいなので、さすがにおかしいと感じた。しばらくすれば出てくるだろうと、その前で待ってみたが、ちっとも出てこない。

「あのう、スイマセンッ」

点検口に頭を突っ込んで大きな声でそういってみたが、なんの返答もない。施主の奥さんでも業者でもないとしたら、これは大変なことだと思い、ジャンさんは潜ってみることにした。だが――。

懐中電灯を片手に隈なく探しまわったが、女性の姿はどこにもなかったという。

六十六　ミミズ

なにか不思議な体験はありませんか——そういう私の問いに、Ｋさんはしばらく眼を閉じて考えている様子だったが、

「幽霊とか、まったくそういう話ではないですけど、それでもいいですか？」

そう断りを入れて、以下のように語り始めた。

今から三年ほど前のこと。

幼稚園に通う息子を迎えにいった帰り道、近所の通りを歩いていると、

「ねえ、あそこになにかおちてるよ」

息子がそういった。その指さすほうを見ると、干からびたミミズが道路に張りついたようになっている。

「ああ、ミミズだよ。暑くて死んじゃったんだね」

そう答えると、

「パパ、みて。ねえ、みてよッ」

なにごとかと再び視線を向けると、干からびていたはずのミミズがアスファルトから養分を得るかのように丸々と太っていく。すると、生きていたときのようにぬめり気を帯び、

信じられないことに、にょろにょろと動き始めた。

「パパ、かっていい？　ね、いいでしょ？」

ミミズなど自分が子どもの頃にも飼おうと思ったことはない。それに、つい先ほどまであんなふうに死んでいたはずのものを家に持って帰るというのも、なんだか気持ちが悪かった。

ダメだよ、と何度諭しても、息子は、いやだいやだ、といっていうことを聞かない。あまりにも駄々をこねるので、Kさんは困ってしまった。仕方ないと、屈んでつまみ上げてみると、たしかにそれは生きたミミズだった。

しかし、どうやって飼育していいのかわからない。自宅の裏が雑木林になっていたので、スコップで腐葉土をすくって飼育ケースに敷き、そのなかにミミズを入れた。湿度が高いほうがいいだろうと霧吹きもしてみたという。

「ところがですよ――」

翌日になって、どうなっているだろうとケースのうえから覗いてみると、土のうえにミミズはいたが、まったく動いていない。それどころか、昨日、道路にあったのと同じようにカラカラに干からびて死んでいたそうである。

六十七　白内障

　Sさんの祖父は、彼が物心ついたときから両眼が白内障で真っ白になっていた。視力が殆どないため、終日座っているか寝ているかの晩年だったが、眼以外は大きな病気はせず八十五歳で亡くなったそうである。

　Sさんはそんな祖父の膝のうえに乗って、どうして白内障になったのか訊いたことがあった。

「嵐の晩に畑が気になって見にいったんだ。そしたらな、ざんざんぶりだというのに、うちの畑小屋んところに若い女が立っちょる。なんだろ思うて声を掛けたんやが、振り向いたその女の顔がのう、ふた目とは見られん顔やった」

　吃驚して家に帰ってきてから急に眼が霞《かす》むようになり、翌朝起きると両方の眼球が真っ白になっていたというのである。

「嘘か本当かわかりませんよ。そういったら怖がるだろうって、祖父《じい》さんに一杯喰わされたのかもしれません。でも――」

　以前、家族で祖父の白内障について話していたとき、祖母がまったく同じことを語っていたという。

六十八　割れた鏡

ベトナムから技能実習生として来日しているグエンさんは、同郷の若者三人とやや広めのアパートをルームシェアして住んでいるという。

住み始めて二ヶ月ほど経った頃だった。

「バスルームのミラーがわれた、とつぜん。ボクさわってないから、びっくり。アブないので、かたづけようとしたら――」

割れた破片のひとつひとつに、一糸まとわぬ人物の全体像が映り込んでいる。

最初は自分の姿かと思ったが、肩下まで髪は垂れているし、躯つきはどう見ても女性のそれだった。それに大小散らばった破片のそれぞれに同じ人影が映り込んでいるのも奇妙だった。

すぐにルームメイトを呼んで確認してもらうと、鏡に映っているのはグエンさんではなく、やはり女のひとだということになった。

そうなると気味が悪くて仕方がない。が、そのままにもしておけないので、破片を裏返しにしながらビニール袋に突っ込み、アパートのごみ集積場へ持っていった。

会社が借り上げている住まいのため上司に報告しないといけなかったが、怒られそうで言い出しづらい。百円ショップで適当な鏡を買ってきて、風呂場の壁に以前と同じように掛けておいた。

しばらくはそれで問題なかったが、

「ともだちがシャワーしていたら、またわれた。おなじおんなのひとがうつっていました」

それ以降、風呂場に鏡を取り付けることはやめたそうである。

六十九　じゃがいも

E子さんの祖母は、自分の畑で収穫した野菜を定期的に送ってくれるそうだが、E子さんはじゃがいもだけは手をつけることがなかった。

なぜなら前に野菜をもらったとき、カレーを作ろうとしてじゃがいもを手に取ると、人間の頭のような形をしていたからである。

気のせいといえば、そうかもしれない。しかし、耳や鼻のような隆起があり、瞳や唇の場所には、ちょうどそのような感じにくぼみができていたり、芽の根元があったりする。

他のものを見てみると、すべてではないが三分の一ほどは、どうやっても人間の頭部にしか見えない形状をしていた。

なんだか食べる気がおきず、三つほどずつ袋に入れて職場の同僚にあげてしまった。

それからも度々祖母は野菜を送ってくるが、頭にしか見えないじゃがいもが必ず入っているので、友人や会社のひとたちに配っているのだそうだ。

法事で祖母の家に行った際、野菜のお礼をいい、祖母が気を悪くしないよう、じゃがいもだけはもう要らないよ、と告げようとしたところ、なにもいう前に向こうのほうからこんな話をしてきた。

今の畑の土地は元々原野だったが、昭和三十年頃に知り合いから買ったのだという。農地にすべく開墾しているときに一体の白骨死体が出てきた。最初は殺人事件と思われたが、調べてみるとかなり古い年代の骨であることが判明し、事件性はないことがわかった。

しかし、その死体は首だけが見つからなかったというのだった。

七十　乗ってくかい

Oさんが小学生の頃、近所の畑の端に打ち棄てられた乗用車が長いこと置いてあった。

メーカーや車種は失念したが、白いセダン車だったことは覚えている。

その横を通ると、いつも派手な柄のシャツを着た若者が窓から顔を出して、「乗ってくかい」と訊いてくるのだが、こんなオンボロの車が動くわけがないだろうと、Oさんはかぶりを振って断っていたという。

だいぶ長じた後、兄とのなにげない会話のなかで、そのことを思い出したので話してみると、あの車のシートにはぎっしりと藁《わら》が積まれていたのだから、ひとなど乗れるわけがないだろうといわれたそうである。

七十一　お粥

バルト三国のラトビアに住む女性ローラさんの話である。

ローラさんにはエヴァさんという祖母がいるが、御歳九十五歳でこれといった病気もなく今もご健在だそうだが、これはその祖母から聞いた話だという。


第二次世界大戦時、エヴァさんは二十歳ほどだったが、ラトビアの田舎町に家族と住んでいたそうである。

連合軍とナチスの睨み合いで何度か前線が変わり、またソ連軍と侵攻してきたナチスとの間で戦闘が繰り広げられており、首都リガをはじめとした市街地はまさに地獄絵図だったという。

そんななか、エヴァさん一家は隣家の空き家の地下室にユダヤ人の家族を匿っていた。若夫婦とまだ幼い息子の三人家族である。

当時は隣人同士が互いに見張り合ってユダヤ人がいれば報告するのは珍しいことではなかった。もし見つかれば全員銃殺は免れないとあって、大変に危険なことだったが、そうせずにはいられなかったそうだ。

エヴァさんはポリッジ（お粥）を作ると、粗末なブリキのバケツに入れ、周囲の眼を盗んで空き家の地下室に運んだ。普通の食器に入れて運んでいるところを誰かに見られたら、すぐに怪しまれるからである。

そんなある日、いつものように豆をミルクで煮ていると、隠れているはずのユダヤ人の男性が台所に入ってきたので吃驚して、ダメよ早く地下に戻って、と思わず大きな声を出すと、相手はなにもいわず自分の顔の前で手を横に振る。まるでもうお粥は不要だというような仕草なので、どうしてだろうと思っていると、男性は踵を返して台所を出ていってしまった。

その後を追うようにエヴァさんが隣家の地下室に行ってみると、三人の家族全員が首を吊っていたそうである。

七十二　沓脱石

A美さんが小学生の頃、中部地方の寒村に住む祖父の家に年に何度か遊びに行ったという。

祖父の家の近所に自分と同年代の女の子が住んでいた。夏の盆踊りのときに仲良くなり、それ以来、祖父のところに行くと、その女の子と遊ぶことが多かった。

ところが、その子が時折、妙なことをいっていた。

「うちは家族がたくさんいるから、いつもにぎやかで楽しいよ。ほら、あそこにもおばあちゃんがいるし、おじいちゃんもこっちに。あのひとは叔母さんで、大きいお兄ちゃんとお姉ちゃんもいるんだよ」

と、ひとり言のようにそんなことをいうが、女の子は祖母と母親の三人家族のはずだった。他の家族の姿などこれまで一度も見たことがない。

年寄りばかりの村で育ったので、きっと寂しくなってそんなことをいうのかなと、子ども心にもA美さんはそんなふうに思っていた。

「だいぶ大きくなって気づいたんですけど、その子の家の縁側に苔むした沓脱石《くつぬぎいし》があったんです。よくそこの縁側に腰掛けて一緒にスイカを食べたり、私の学校のことなんかを話したりしたんですが――」

足元の石に薄く文字が刻みこまれていた。当時はよくわからなかったが、眼をつむり記憶を遡《さかのぼ》ってみると、それはどう考えても戒名と没年月だったという。

七十三　案山子

Nさんの住む街の郊外に一面の菜の花畑があるという。

三月の満開の時期になると、通りかかる車はスピードを落とすので、渋滞したり追突事故が起きたりするそうだ。

その菜の花畑の真ん中に野良着姿の案山子《かかし》が一体立っているが、それに妙なうわさがあった。

深夜になると畑から動きだして道路を歩く。写真撮影に訪れた者たちを愕かすように話しかける——などといった、他愛もない嘘か本当か疑わしい話である。

しかし、Nさんが高校生の頃、当時交際していた相手と、この菜の花畑で一緒に写真を撮ったとき、背後にはなかったはずの案山子がふたりのすぐ真後ろに写り込んでいて、しかも「へのへのもへじ」だったはずの眼鼻が人間のそれだったので、思わず言葉を失った。

すぐに後ろを振り返るが、案山子は百メートル以上離れたところにあり、自分たち以外にひとの姿はない。

「なんだろう、これ」

そういって彼女に写真を見せると、しばらく食い入るように眺めていたが、Nさんの手から撮影に使った携帯電話を奪うと、その場で画像を消去してしまった。

よほど怖かったのかと思い訊いてみると、小学生の頃に自殺した父親にそっくりだったと話したそうである。

七十四　名前

神奈川県内の英会話教室で講師として働くアダムさんの話である。

三年ほど前のある日、アダムさんが受け持ちのクラスに入ると、端の空いているはずの席に二十代前半とおぼしき見知らぬ女性が座っている。

新しい生徒かと思ったが、新入生がいるなどとは一言も聞いていなかった。もしかしたら入学したてで教室を間違えたのかもしれない。

「Could you tell me what your name is？（名前を教えていただけますか）」

そう尋ねてみると、五人ほどいる生徒たちは不思議そうな顔をしながら、

「ミクリ」

どもったりつまったりしながら、各々がそう口走った。

しかし、なぜそんな言葉が口から出たのかわからないというふうに、皆唖然とした表情をしている。そのとたん、端に座っている女性は、風船が弾けるように突然消えてしまった。

まったく見たことのない顔だったが、「ミクリ」というのは、アダムさんが来日して初めて交際した日本人女性の名前だったという。

七十五　紫陽花の咲く家

U美さんが以前住んでいたマンションの近くに紫陽花《あじさい》の見事な家があったという。

毎年梅雨の時期になると、ピンクや紫、白や青色といった色とりどりの花をつけるのだが、その家に妙なうわさがあった。

そこには五十代半ばほどの夫婦が住んでいたのだが、ある日、その家の妻が失踪したというのだった。

それだけなら夫に愛想を尽かして出て行ったとか、他に好きなひとができて家を出たのだろうと考えられたが、そのうわさには続きがあったのだ。

雨が降る日の夕方から夜にかけての時間帯に、紫陽花の咲く花壇の前に失踪したはずの妻が傘を差して立っているというのである。

最初それを見かけた近所の主婦は、愕きながらも近づいていって声を掛けたという。しかし、それにはなにも答えず、花壇のほうを向いて雨露のついた紫陽花の花弁を手のひらで撫でるように触っている。

無視するかのような行動に主婦は腹が立ったのと同時に少し気味が悪くなり、その場を離れた。だが、やはり気になって振り返ってみると、その姿は忽然と消えていたというのである。

主婦がその出来事をあちらこちらで話したせいか、雨の夕方に紫陽花の花壇の前に立つ女を見たという目撃者が複数出始めた。ちょっと眼を離したすきにその姿が消えてしまう点も一緒で、自然と女は幽霊ではないかといわれた。

U美さんは一度、その家の主が玄関から出てくるところを見かけたことがあったが、ひどい猫背で痩身の、陰気を身にまとったような男で、むしろこちらのほうがよほど幽霊的ではないかと思ったが、近所の者たちによると、働きに出ている様子はなく、日がな一日、家のなかにばかりいるようだとのことだった。

そんなある日、U美さんの小学六年生になる娘が、図書館で借りてきた推理クイズ本を夢中になって読んでいた。すると娘が、

「ねえ、ママ知ってる？　紫陽花の下に死体を埋めると土が酸性になって、花の色が青くなるんだって」

それを聞いたとたん、紫陽花の花壇に立つ女のことがU美さんの頭に浮かんだ。

たしかにあの花壇には真っ青な花をつけた一角があったのだ。

失踪したというのは事実だろうか。本当は違うのではないか。もしかしたら、あの家の妻は紫陽花の下に――。

だが、そのひと月後に他県へ引っ越すことになり、紫陽花の家のことはそれきりわからないという。

七十六　溝の老人

理容室を経営しているWさんの話である。
十三、四年前のことだという。
毎月決まって髪を切りにくる小学生の男の子が、

「おじさん大変だよッ。帰ってくるとちゅうの溝におじいさんみたいなひとがはまちゃってるんだ。ここのおじさんなら、きっと助けてくれるとおもってきたんだよ」

と、そういわれたので、行かないわけにはいかなかった。

幸い店は暇だったので妻に任せると、一緒にその場所に向かったが、男の子の話によると、高齢男性らしきひとは仰向けで側溝にはまっているようだった。

この一週間ほど雨が降っていないので、水が少なく流されていないのだろうと思われた。

男の子いわく、その眼にはぽっかりと黒い穴が空いていて、虫みたいなものが出たり入ったりしていたという。それが本当なら、すでに死んでしまっているはずとあって、自分などよりも警察に行ったほうがいいのではないかと思った。

「もうすぐだよ。この溝の先だから」

その言葉でWさんが側溝を見ると、U字溝の幅は三十センチほどしかない。いくら痩せた高齢者でもこの溝に仰向けに収まることなど不可能に思えた。

すると――。

「あれ、いない。おじいさんがいないよッ」

吃驚したように男の子がいった。

Wさんもかなり川下のほうまで探してみたが、横たわった老人の姿などどこにも見当たらなかった。

「たぶん見間違えたんじゃないかな」

そういうと男の子は、ぜったいにそんなことない、と答えたが、嘘をつくような子ではないし、普段見せたことのない真剣な表情だったので信じざるをえなかった。

その二日後のこと。

小学校とWさんの店のちょうど中間ほどにある住宅街の一軒で高齢男性の死体が発見された。孤独死だったそうだが、亡くなってひと月ほど経っていたそうである。

七十七　パリのカフェ

フランスのパリに住むアレクシスさんの話。

彼の働くカフェは、第二次世界大戦後の一九五〇年に建てられたそうだが、それ以前はバゲットに定評のあるパン屋だったという。

戦時中にナチスの爆撃を受けて、そこのオーナー夫妻と従業員、客の何人かが亡くなってしまったとのこと。そのような悲劇のあった場所だが、カフェとなった今も不思議な現象が度々起きているそうだ。

テラス席の端にひとりの老嬢がプードルを連れて腰掛けているので、話し掛けようとすると眼の前で消えてしまう。

またスタイルのよいふたり組の女性が店に入ってくるが、その衣装は一九六〇年代に流行った、いわゆるツイッギー・スタイルで、モデルさんかなにかだろうと思っていると、カウンターの前でやはり忽然と消えてしまうのだという。

キッチン近くのブース席に座る老夫婦に呼ばれ、注文票を持って急いで駆け寄ると、なぜかどこにもいない。禁煙席で煙草をくゆらせる男性がいたので注意しようとしたところ、自身が煙のようになって窓ガラスから出て行ってしまったとのこと。

それらがすべて幽霊だとしたら、戦後にカフェとして建て替えられてからのものと思われた。それだけ怪奇現象が頻繁に起きているのに、なぜパン屋だったときの幽霊が現れないのか、それがとても不可解なのだとアレクシスさんはいう。

七十八　食堂

地方誌でライターをしている女性Tさんの話である。

数年前、過疎化の進む村落で取材の予定が入り、三名で行くことになった。

そのときの昼食をどうしようかと悩んだTさんは、食べることのできる店がないかインターネットで調べると一軒だけヒットした。

昔ながらの食堂といった感じだが、訪れた客がアップした写真やレビューを見るかぎり、悪くなさそうだった。予約を入れたほうがいいだろうと思い、電話を掛けると数コールで年老いた声の男性が出た。

「日にちと人数、それに大体の伺う時間をいうと、向こうがそれを復唱して、『はいはい、わかりました、入れておきますからね』と、いたって普通の感じだったんですけど」

当日、取材を終えて食堂の場所に向かうと、店はあるが閉まっている。

もしかしたら予約が入っていることをうっかり忘れて、休みにしてしまったのではないかとTさんは思った。

慌ててその場で電話を掛けてみると、何コール鳴らしても出ない。あきらめてそろそろ切ろうかと思ったそのとき、相手が受話器を取った。が、出たのは男性ではなく、高齢とおぼしき女性だった。

Tさんは数日前に店の予約を入れたことをいうと、

「そんなはずはないがね。爺さんが電話に出たっていうがな、あのひと、もう死んでるもの。そんなわけねえさ」

ご主人が亡くなり、店はとっくに辞めてしまっているというのだった。

おそらくTさんが見たレビューはだいぶ以前の情報だったと思われるが、あの電話で予約を受けた男性は亡くなった店のご主人だったのかと、Tさんたち取材班は狐につままれたような思いをしたという。

この話は、私が以前に他の本で書いた『灰焼きのおやき』という話をTさんが読んで、似た体験をしたことを思い出し、語ってくれたものである。

七十九　タオル

ビジネスホテルで客室清掃の仕事をしているA子さんの話。

三年前、チェックアウトになった部屋へ掃除に入ると、壁際にまるまった赤いタオルが置いてある。そんなタオルは備品にはないので、客の忘れ物かと思って近づいてみた。

手に取ろうとした瞬間、白いタオルが真っ赤に血に染まっているのだとわかり、慌てて手をひっこめた。ちょっとした傷口を押さえたという程度ではなく、いうなれば、躯のどこか一部分を切り落とし、そこから溢れ出る血潮を一生懸命にぬぐった——そんなふうに見えた。

素手で掴むのも気持ちが悪い。血液とあってクリーニング業者に出すのも不衛生なので、A子さんの判断で廃棄してしまうことにした。ビニール手袋をはめ、ポリ袋に入れて固く口を縛る。後で捨てにいこうとカートに積み、部屋の掃除に取りかかった。

ひとしきり清掃を終え、掃除道具を片付けていると、どうしたことか、先ほどポリ袋に入れたタオルは白い普通のものに変わっている。取り出してみたが、やはり部屋に備え付けのホテルのバスタオルだった。

なにが起こったのか理解ができない。しかし、なんだか気持ちが悪くて仕方がなかった。

考えてみれば、以前からなんとはなしにこの部屋に入るのが厭《いと》わしかったのだ。

仕事の後、更衣室で一緒になった先輩のパートスタッフに先ほどのことを話してみると、

「なにそれ、いやねえ」

怪訝そうな顔でそういったが、なにか思い出したように眼を瞠《みは》って、

「そういえば、あそこの部屋、前に殺人事件があったって聞いたわ。あら、自殺だったかしら。もう十年以上前のことらしいけど」

事件の詳しいことは、わからないままだという。

八十　死神

十年ほど前、イギリスに赴任していたNさんの元に実父が亡くなったとの知らせが入った。長い闘病生活をしていたので覚悟はしていたが、それでも子どもの頃の色々なことが思い出されて辛くて仕方がなかった。

帰国するため仕事を全てキャンセルし、簡単に荷物をまとめるとヒースロー空港に向かった。空港のラウンジで椅子に座りながら新聞を読んでいると、イギリス人とおぼしき品の良い白髪に庇《ひさし》のあるハットをかぶった老齢の婦人が近づいてきて、

「亡くなりましたね。行った場所ではもう痛みはありませんから」

眼も合わせずにそれだけいうと、女性は立ち去ってしまった。

死神のようなものだったかもしれないとNさんは思っているそうだ。

八十一　グラス

N美さんの働くカフェには使用しないグラスがひとつあるという。

なぜ使わないのかというと、それに飲み物を入れて提供すると、口紅が付いていると必ずクレームが入るからだった。

店では食器洗い機は使わずに、ひとつひとつ手で洗っているのだし、グラス類は清浄な布巾で拭き上げまでしているのだ。だから口紅が付いているなどということは、ありえない話だった。

最初は苦情をいう客自身のものではないかと思ったが、そういってくるのは男女関係なかったので、これはグラスに問題があるのではないかと感じた。不思議なのは、洗った直後やグラス置きに並んでいるときは曇りひとつなく綺麗なのだが、客に出したとたんに口紅が付いていると苦情をいわれることだった。

「気持ちが悪いから処分しましょう」

そう店長に提案すると、これは高価なグラスだから駄目だという。

詳しいことはわからないが、二年前に山岳事故で亡くなった当時の店の女性オーナーがオークションかなにかで入手して、自分が店にいるときによく使用していたのだという。

スタッフ全員で話し合った結果、今はホールの棚に置いて一輪挿しにしているため、客からのクレームはなくなったそうである。

八十二　補聴器

Eさんの勤める眼鏡店では、数年に一度、使い古した補聴器の供養をしているという。五年ほど前の供養式でのこと。

寺の住職が経をよみ始めると、積み上げられた補聴器のうちのひとつが、かたかたと、まるで意志を持つかのように動き出した。すると台のうえを、ころころころころ、と転がり回る。皆は眼をまるくして見ていたが、住職もそのことに気づいたのか、経をよむ声がひときわ大きくなった。

式が終わると、補聴器は微動だにしない。Eさんが手にとってみると、つい先頃、老衰で亡くなった男性のものであったという。

八十三　ひまわり

八年ほど前、主婦のK子さんが以前住んでいた街でのことだという。

初冬のある日、K子さんはパートの仕事を終え、夕餉の支度をするため家路を急いでいた。

近道をしようと、普段は通らない住宅街のなかの道路を歩いていると、百メートルほど先に建つ民家の庭に一輪のひまわりが咲いているのを見た。

先週には初雪も降ったのだ。いくらなんでも季節外れではないのか。

造花だろうかと思いながら近づいていくと、それは彼女の考えていたようなものではなかった。その正体がわかった瞬間、脇目も振らず自宅まで駆けたそうである。

「人間の倍くらいの大きさの顔が宙に浮いていたんです。たぶん男のひとだと思いますけど――」

眼だけがぎろぎろと動いていたという。その顔は鮮やかなほどの黄色で、本当のひまわりのように真ん中だけが少し茶色くなっていたというのだった。

それからは、どんなに急いでいるときでも件の道を使うことはなかったそうである。

八十四　よける男

五年ほど前、会社員のUさんは、電車を乗り継ぐため駅のプラットホームを急いでいると、真向かいからスマートフォンに視線を落としながら歩いてくる者がいる。

スーツを着た同年代くらいの男だった。

このままではぶつかってしまうので、Uさんは右によけた。すると、男は顔を少し上げて、はっとした表情をしたかと思うと、Uさんがずれた同じほうに動いてくる。

これではまたぶつかってしまうので、Uさんは左によける。そうすると向こうも同じように動く。ではまた右に、と躯をずらすと、向こうも同じようによけてくる。

——あッ、危ない、ぶつかる！

そう思った瞬間、どうしたことか、接触することなく相手の躯をすり抜けている。

なんだこれは、と思いながらも発車のアナウンスが流れているので、慌てて電車に乗り込んだ。

閉まった窓から見ると、男も不思議そうにこちらを見ていた。

季節は真夏で、日よけもなにもない炎天下のプラットホームだというのに、男の顔は軍服のような色だった。

さらに不可解なのは、相手は違うが、同じような出来事がその後も三回ほどあったことだという。

八十五　鍵

アパート経営をするIさんが週に一度の掃き掃除をしに行くと、二階の一室から見知らぬ若い男が出てきたと思ったら、なにもせずにまた入っていく。

しかし、その部屋は半年もの間、空室になったままでしっかりと鍵を掛けていたはずだった。もしかしたら戸をこじ開けて誰か住みついているのではないかと急いで階段を上ると、思った通り、鍵穴がめちゃくちゃに壊されている。

追い出してやろうと、ほうきを手に扉を開けようとしたら変に重たい。どうしてなのかと力を入れて開けてみると、あろうことか、先ほどの男が扉のドアクローザに紐を引っ掛けて凄まじい顔で縊《くび》れていたので、思わず、ああッ、とその場に尻もちをついた。

時間にしたら一分も経っていない。そんなわずかな間にこんなことができるだろうか。

通報すると、しばらく経って救急車と警察がやってきたが、死後二日以上は経過しているとのことだった。

「それにしても、なぜ鍵を壊してまでして、うちのアパートで死ぬ必要があったのか。とても迷惑でしたし、意味がまったくわからないんですよ」

そうIさんは嘆く。

八十六　泡風呂

イギリスのロンドン郊外に住むエミリーさんの話である。

四年ほど前、エミリーさんは交際していた男性とリフォームされたばかりのフラットをルームシェアしていたという。

そんなある日のこと、風呂に入っていた彼氏がどうしたわけかいつまで経っても出てこない。不審に思って声を掛けるが返事がないので、バスルームの扉を開けてみると、彼氏の顔が見えないほどバスタブが泡まみれになっている。すると、きゃっきゃっ、きゃっきゃっと、小さな子どもたちがはしゃぐような声がしているので彼女は吃驚してしまった。ふたりには子どもなどいなかったからである。

急いで泡を掻きわけると、彼氏は溺れてしまったのか湯面に顔をつけてぐったりとしていた。すぐに浴槽から引き上げて救急車を呼んだが、エミリーさんの応急処置がよかったようで幸い命に別状はなかった。しばらく様子を見るため彼氏は入院することになったという。

病院からの帰途、エミリーさんはバスのなかで自分と彼氏の両親にメールを送ろうとしたところ、そんな覚えはないのにスマートフォンのメモ機能が開いている。

どうしてだろうと思った瞬間、背筋に冷水を浴びせられたようになった。

「Do not disturb my children」

——子どもたちを邪魔しないでください。

そう書かれていたという。

彼氏の退院後、風呂は必ずふたりで入るようにしたが、三か月後にはそのフラットを引き払ったそうである。

八十七　娘の雨傘

M代さんが雑貨店で買い物を済ませ、再び傘を差そうとすると、連れていた娘が傘立てに入れておいた自分の傘がなくなっているという。

ブランド物の傘だったので、誰かが盗っていってしまったのかと思った。

するとそのとき、すぐ眼の前を娘と同じ年嵩ほどの長靴を履いた少女が、水たまりをわざと踏むように歩いていた。その子が差している傘が娘に買い与えたのと同じものだったので、彼女は、はっとし、少女のところへ近づいて、

「ねえ、お嬢ちゃん。もしかしてその傘――」

そういいながら腰を屈めた瞬間、愕きのあまり自分の傘を落としそうになった。

少女の顔の両眼と開いた口が墨で塗りつぶしたように真っ黒で、肌は爬虫類を思わせるような緑色だったからである。

すぐに娘の手を引いて、ふたりで濡れながら自宅に帰ったそうだが、後日、娘にはまったく違う傘を買ってあげたという。

八十八　テレビ

ライターの女性Hさんの話である。

五年ほど前、Hさんの父親が病気で亡くなった。

葬儀を終え、出棺を待つ間、控室に一旦戻ったが、小さな子どもたちが退屈そうにしている。テレビがあったので点けてみると、ちょうどアニメ番組の時間だったので、騒がしかった子どもたちがようやく静かになった。

すると五分も経たない頃、突然、ブツンと画面が真っ暗になってしまった。誰かがリモコンに触れたのかと電源ボタンを押してみたが、まったく反応しない。傍にいた叔父が屈んでコンセントを見るが、ちゃんと入っているという。背面にあるデジタル放送用のＩＣカードを抜き差しするなど、ありとあらゆることをしてみたが、やはりテレビは点かなかった。

それからほどなく出棺されたが、控室に戻ると消えていたはずのテレビが映っているので、皆吃驚してしまった。近くにいた葬儀場のスタッフにテレビが故障していることを告げると、最近設置したばかりなんですけど——と、不思議そうな顔をしていた。

しかし、その後も父親の法事の席でテレビが点いていると、必ず電源が落ちてしまう。

それも場所を選ばないので、これはもしかしたら亡父がそうさせているのではないかと親族の誰かがいった。

いわれてみれば生前、父親は報道番組以外、殆どテレビを観なかった。Hさんが子どもの頃、バラエティ番組を笑いながら観ていると、

「またこんなくだらんものを。やかましくてたまらん」

そういって勝手にテレビを消されたそうである。

八十九　窓

ドイツのバイエルン州ミュンヘンで自動車関連会社の総務部長職にあるフェリックスさんの話である。

フェリックスさんの会社は二十年ほど前に建てられたが、全面ガラス張りで近代的なビルだという。警備員は二十四時間、年間を通じて常駐しているが、数年前にこんな報告を受けたことがあった。

夜の見廻りをしていると、八階のオフィスにあるひとつの窓が度々開いているので、その部署の責任者に必ず閉めてから退社するようにしてもらいたい、ということだった。

それを受けて責任者を呼び出すと、毎日必ず閉めてから帰っていると答えた。真面目で信用のおける人物とあって、嘘をついているとは思えない。それどころか、仕事中にふと気づくと開いていることがあり、以前、そうと知らない者が窓に手をつこうとして危うく下に落ちそうになったことがあるというのだった。

それを聞いて不思議に思ったフェリックスさんが色々当たって調べたところ、ビルの建築中に窓ガラスを嵌めようとした業者の男性が誤って転落し、死亡する事故が起きたことがわかった。それはどうやら問題の起きている八階のあの窓に間違いないようだった。

その後、窓は嵌めごろしのものに換えて絶対に開かないようにしたそうで、それからは以前のようなことは一度も起きていないという。

九十　鉄の味

Ａさんが仕事から帰宅してシャワーを浴びているとき、シャンプーを切らしていたことを思い出した。

一旦風呂場から出て、買い置きの新しいものを下ろし、それで頭を洗っているとなにか妙なにおいがする。いつものシャンプーと違って、なんだかべとつくような感じがした。泡立ちもよくないので、なんだこれは、とすぐにお湯で洗い流そうとすると、口の端に鉄の味を感じた。もしかしたら鼻血が出たのかと思い、眼を拭って鼻にも触れてみたが、血など流れていなかった。

翌日、帰宅するとマンションの前に警察車両が何台も停まっている。

マスコミらしきひとたちも押し寄せているので、なにがあったのだろうと思ったら、Ａさんの真下の部屋に住んでいた外国人女性が同居している男性に殺されたうえバラバラにされたというので吃驚してしまった。

しかも犯行時刻はＡさんがシャワーを浴びていた、まさにその時間帯だったという。

九十一　観覧車

五年前の七夕の夜、A香さんは当時交際していた男性と観覧車に乗ったという。

夜間に乗るのは初めてのことだったので、夜景をとても楽しみにしていた。

シートに座ってゴンドラが動き始めると、彼氏はそっとA香さんの肩を抱いてくる。

デートに誘われたときからそんな予感はあったのだ。彼氏の胸に頬を寄せて身を預けるようにした。

ゴンドラはゆっくりと上昇していく。

そろそろ天辺かなと思ったとき、彼氏がA香さんの両肩に手を置いた。無言のまま同意を得るかのように微笑み、顔を近づけてくる。

あっ、来る——とそう思った瞬間、彼氏が、うわッ、と叫んだ。と同時に、彼氏の背後の窓に見知らぬ男の姿が映っている。彼氏はこちらを向いているのだから、窓に映る影は背中でなければおかしいはずだった。

すると、彼氏もA香さんの後ろの窓に彼女とはまったく違う女が映っていて、じっとこちらを見ていたのだと、怯えた表情でそういったそうである。

九十二　タイマッサージ

三年ほど前、頭痛やひどい肩こりなどの体調不良に見舞われていたMさんは、街なかでタイマッサージの看板を見つけ、ふらりと入ってみたという。

雑居ビルの三階とのことで階段を上がっていくと、バーカウンターのある店なので間違えたのかと踵を返そうとすると、背後から「マッサージ？」と訊かれ、そうです、と答えた。

すると、店の奥から五十代ほどのタイ人とおぼしき女性が出てきて、

「夜オサケ。昼マッサージね」

そういって女性が脇の短いカーテンを開くと、幅の狭い簡易的なベッドが置いてある。

説明もなにもなく女性はMさんをうつ伏せに寝かせ、指先に圧をかけながら全身に触れていく。しばらく無言で押していたが、

「アナタ、これピーね。ヨクない。とてもヨクない。アナタしぬよ。ワタシおいだすから」

と、そんなことをいうので、ピーとはなにかと尋ねても、ピーはピーよ、と答えになっていない。

すると女性は、なにやら意味不明なことを呟き始めたかと思うと、Mさんの背中を手の

ひらで二度三度、かなりの強さで叩いてくる。吃驚して身を起こそうとするが、なぜか力がまったく入らない。

するとそのとき、うつ伏せになったMさんのわずかな視界に、若い女らしき細い裸足《はだし》の足元が見えた。従業員が出勤してきたのかと思ったが、なぜ素足なのか不思議に思っていると、マッサージをしている女性は再びなにごとか呟き、

「オーク、パイッ」

とひと声そう叫んだ。

すると、裸足の女はたじろぐように後ずさりし、店の入り口から外に向かって飛び出していった。

「アナタ、だいじょうぶヨ。モウしなないから、あんしんしんネ」

それでマッサージは終わったが、嘘のように躯が軽くなり、体調も急激によくなったという。

後日、ピーとはなにか調べたところ、タイ語で幽霊全般のことを差す言葉であることがわかった。オークパイというのは「出て行け」という意味だったそうである。

九十三　合唱サークル

六十代の主婦S子さんの話である。

四年ほど前、S子さんは生涯学習センターで開かれている合唱サークルに所属していたという。

ひと月後に発表会を控えていたので、各パートに分かれて追い込みの練習をしていた。

すると、ソプラノのグループが急にざわつき始めた。S子さんは「ちょっと待って」とアルトの練習を止めさせてソプラノ組のほうに行ってみると、最近入会したばかりのS子さんと同年輩の女性がのどをかきむしりながら床のうえをのたうちまわっている。

「救急車、早く、早くッ」

誰かがそう叫んでいるが、電話を掛けようとする者はいない。皆吃驚して固まってしまっているようだった。一分ほど経った頃、転がりまわっていた女性はむくっと立ち上がり、なにごともなかったかのように、

「あら、いやだわたし、いったいどうしたのかしら。なぜか急にのどが苦しくなったのよ。でも、もう全然なんともないわ。不思議ねえ」

少し照れたような表情でそういっている。しかし、ただならない様子を目撃した者たち

はこぞって、

「あなた今日は帰らなきゃだめよ。あと絶対に病院へ行ったほうがいい」

そう強く忠告するのだった。

それで女性は帰っていったが、その日の夜のニュースを見ているとき、S子さんはテレビの画面に釘付けになった。

その日の昼間、合唱の練習をしていた生涯学習センターのすぐ真裏の住宅で殺人事件があったというのである。事件が起きたのは、昼過ぎの一時頃というから、ちょうどS子さんたちが練習をしているさなか、それも女性がのどをかきむしって苦しんでいる、まさにその時刻だった。

殺害されたのは、その家に住む妻だったが、夫婦間のトラブルの末、夫に扼殺《やくさつ》されたとのことだった。

九十四　あれはなんだったか

イタリアのボローニャでハム職人をしているジョゼッペさんの話である。

一九九〇年頃というから、今から三十年ほど前、ジョゼッペさんの工房に五十代ほどの東洋人の男がやってきて、ハムの試食をさせてくれという。

それでよかったら自分の国で経営しているレストランで提供したいという申し出だった。

東洋人ごときに本当の生ハムの味がわかるものかと高をくくっていたが、こちらが説明する前に肉の部位や熟成の期間、それぞれに合うワインの知識まで述べ立ててきて、それはイタリア人のジョゼッペさんも感嘆するほどだった。

たいしたものだなと感心していたが、男は自分を日本人だといい、いくつか注文したいが細かいやりとりは後日決めようといって、名刺を置いて帰っていった。

しかし、それから何週間経っても男から連絡がない。いったいどうなっているのかと名刺を引っ張り出してくると、日本の電話番号しか書かれていなかった。

仕方なく国際電話を掛けると、日本人の女性が出たので、ジョゼッペさんは名前を名乗り、名刺に書かれた男性はいないかと尋ねてみた。

すると、イタリア語のせいか相手はあたふたとしている。

「ちょっと待ってください」

そう英語でいわれ、散々待たされたあげく、先ほどとは違う男性が電話に出た。

すると、拙《つたな》いイタリア語で、

「その男は死にました。五年前に」

ただそれだけを何回も繰り返したという。

「あれはいったいなんだったのか。日本の国や日本人というと、そのことをまず思い出すよ」

少し苦い顔でジョゼッペさんは語る。

九十五　社会的距離

　E子さんがスーパーマーケットのレジで会計をしようとしたとき、ソーシャルディスタンスをとるため、均等に間隔をあけて列に並ぶ必要があった。

　すると一瞬、誰かに下半身を触られた気がしたので、すぐに背後を見るが、一・五メートルほど離れたところにうつむきながらスマートフォンをいじっている若者が立っているだけだった。

　気のせいかと再び前を向いたが、またすぐに、今度ははっきりと臀部《でんぶ》に触れてくるので、素早くその腕を捕まえた。

　逃がすものかと、手のひらに命いっぱい力をこめながら振り返ると、やはりそこには誰もいない。しかし、手首を捕らえた感触はたしかにあったという。

九十六　モニュメント

十五年ほど前のことだという。

大学でロシア文学を専攻していたEさんは、卒業論文を書くためにそれらの文学が生まれた国の雰囲気を直に感じたいと、単身でロシア旅行に赴いたそうである。

宿泊先の予約は最初の数日だけで、後はなるようになるだろうと気楽なひとり旅をするつもりでいたそうだ。

モスクワに着くと、赤の広場やボリショイ劇場、様々な聖堂や修道院、歴史博物館などをまわって過ごした。

共産主義国家でなくなって久しいにもかかわらず、その当時はまだところどころに冷戦時代の雰囲気を感じることができた。歴史的な建造物の荘厳さには眼を瞠《みは》るものがあったが、西欧諸国と似た可愛らしい街並みやショップもあり、そのことは意外だった。

数日をそこで過ごしたが、日程に限りがあるのでロシア第二の都市であるサンクトペテルブルグに足を運んでみることにした。

寝台特急に揺られること約八時間。

ようやくサンクトペテルベルグに到着したが、行き先も決めていないのに、気づくとE

さんは地下鉄に乗り込んでいた。

どこで降りるかも考えていなかったが、チュールナヤ・レーチカ駅でふと思い立ったように降り立ち、精算を済ませて地上にあがった。

ここまで来ると日本人はおろか観光客のような者はどこにも見当たらず、ここで日々暮らしているだろう現地のひとたちしかいない。

日本にいるときは謎に満ちた存在だったロシアという国の日常の風景を見られたことにEさんは感激していた。それはモスクワでは味わえなかったことだった。

旅行先であてもなく歩くのは楽しいものだ。言葉もろくに通じない異国だけに、わずかばかりの心細さはあるが、それも旅の醍醐味といえた。

川を越え、大きな道路を少し行くと踏切が見える。線路を眺めながら更にまっすぐ歩いていくと、木々が鬱蒼《うっそう》と生い茂る一角があった。どうやら公園のようである。

歩き疲れたので少し休もうとベンチを探しているとき――。

突然、ズキューンッ、という凄まじい音が聞こえた。と、同時に腹部に激しい痛みが襲う。

なんだこれは。

もしかして拳銃で撃たれたのか。しかし、いったいどうして……。

とても立っていられず、腹を押さえて思わず屈みこむ。しかし、手には血など付いていない。慌ててTシャツをまくってみたが、どうしたことか銃創はどこにもなかった。が、痛みが引かないので、十分ばかりその場所で蹲《うずくま》っていたが、ふと気づくと嘘のようにそれは消えている。

いったい、どうなっているのか。

膝の汚れを払いながら立ち上がったときだった。

眼の前に大きなモニュメントが立っている。なんの記念碑かと手庇をしながら眼を凝らすと、『プーシキン決闘の記念碑』と書かれていた。

プーシキンというのはアレクサンドル・プーシキンのことに違いない。

十九世紀の著名な詩人が、フランス人の男と決闘をして死んだことはもちろん知っていた。しかしそれが、まさかこの場所だったとは。

それに拳銃の音や腹に感じた生々しい痛み。あれはもしかしたら……。

「ドストエフスキーやトルストイは各シーンを諳んじているくらいですが、プーシキンは、それまでひとつふたつ読んだことがある程度だったんです。つまり僕の好みではなかったんですよ。それなのに、あのとき導かれるように彼の最期の場所にたどり着いたことは、なにか意味があったように思えるんですよね」

帰国後は取り憑かれたように読み漁り、卒業論文も予定を変更してプーシキンについて書いたそうである。

ロシアでの一件以降、旅先で度々似たような経験をするようになってしまい困っているという。

九十七　赤い部屋

二年前にSさんがイタリアのベニスに旅行へ行った際、ホテルの部屋に入ると壁紙や床、天井、ベッドをはじめリネン類や備品、アメニティに至るまで、すべてが赤一色なので吃驚してしまった。

そんなことはホームページのどこにも記されていなかったし、予約を入れる際になんの説明も受けていない。事前に知っていれば、当然こんな部屋に泊まろうとは思わなかった。

さすがにこれでは眠ることができないとフロントに苦情の電話を掛けると、なんのことだかわからないという。どんなにいっても話を理解してくれないので、業を煮やしてレセプションまで行き、従業員の男性に自分の部屋まで来てもらった。

するとどうしたことか、部屋のドアを開けると一般的な色調のシックな部屋に変わっている。あまりのことにGさんが眼を白黒させていると、従業員はやれやれというふうに半笑いのような表情を浮かべ、持ち場に戻っていった。

「一瞬、ドッキリみたいなやつかと思ったんですけど、芸能人でもない自分にそんなことをしてもしょうがないですよね」

ベッドのうえに広げた荷物は寸分違わぬそのままの状態だった。

眼か脳になにか深刻な問題が生じているのではないかと不安になったが、特に痛みや違和感もなく、いたって体調はよかった。

しかし、なんだかその夜は眠ることができず、陽が昇ると早々にチェックアウトしたそうである。

九十八　息子の進路

主婦のS絵さんは、今まで幽霊のようなものは一度も見たことがないとのことで、かつてはそういったことをまったく信じていなかったという。

ただ彼女のひとり息子は、小さいときからいわゆる霊感体質で、なにもないところをやたらと怖がったり、初めて行った街を歩いているとき、お婆さんのおばけが立っているといって泣き出したりするので、後で調べてみると、本当にその場所で高齢女性が亡くなっていることがあった。

そんなS絵さんが、息子の特殊な能力や不可知なものを信じるようになったきっかけは、以下のような出来事だったという。

十年ほど前のある日、S絵さんが自転車でパート先から自宅に帰ると、小学三年生の息子が玄関の前で縄跳びをしていた。すると、息子は跳ぶのをやめて、じっと母親の自転車を見ている。

「ねえママ、きょう、だれかしりあいのひと、しんだでしょ?」

突然そんなことをいわれたので吃驚した。その日の朝、若い頃に交際していた男性が病気で亡くなった報せを受けたからである。

「どうしてそんなことわかったの。電話が来たとき、あなたはもう学校に行ってたはずだけど――」

そう答えると、

「だって、さっきママがかえってきたとき、自転車のりょうほうのタイヤのところに、しらない男のひとの顔がはりついていてたんだもん」

息子の話によれば、車輪は回っているはずなのに、その「しらない男のひと」の顔は、微動だにしなかったのだという。

「そのときから信じるようになったんです」

そんな息子は高校に入ると神主になるといい始めて、神職資格を取れる専門の大学に進んだそうである。

九十九　シニア留学

現在七十代のM子さんは、五年ほど前に中国へシニア留学をしたという。

こんな年寄りは自分だけだろうと思っていたが、様々な国から同世代の者たちが来ていたので、そういった意味での疎外感はなかった。留学期間は四年間で、充実した毎日だったせいか、今振り返るとあっという間の出来事に感じるそうだ。

そのとき、韓国の大学で経済学を教えていたという女性と親しくなり、毎日のように一緒にお茶をしたり、課題について話し合ったりした。

年齢はM子さんよりひと回りほど若かったが、大変な親日家で日本語も堪能だった。聡明で人間性も優れた女性だったので、これまで母国の知人にも感じたことのないようなシンパシーをおぼえたそうである。

留学から帰国し、しばらく経った頃のこと。

M子さんは韓国の友人に向けて手紙を出した。その後の近況や中国での楽しかった日々、学んだことなどについて書いているうちに便箋が何枚にもなってしまった。

すると、一ヶ月ほど経った頃、韓国から国際郵便が届いており、開封してみると韓国人女性の夫を名乗るひとからだった。文章は簡素な英語で書かれている。

それを読んでみると、「妻は一年半前に亡くなりましたが、ご存じありませんでしたか」と書いてある。留学先には報告したが、貴女たち生徒には伝わっていなかったのかもしれない、とあったので吃驚してしまった。

たしかに女性は体調が思わしくない時期があり、一度韓国へ帰ったのだったが、ほどなく中国に戻ってきたのだ。

しかし夫の手紙によると、妻は具合が悪くなって帰国したが、検査後すぐに入院すると、自宅に戻ることなくそのまま病院で息を引き取ったというのだった。

M子さんは、

「快気祝いといって、少しいいお店にふたりで食事に行ったんですよ。その記憶はなんだったんだろうって――」

今でも不思議で仕方がないという。

いにしえからの作法に則り、九十九話にて完とする。

あとがき――百話目にかえて――

　今シリーズもいよいよ五冊目となりました。

まさかここまで続くとは私自身思っていませんでしたが、これもひとえにご購読いただいている読者の皆様のおかげであるのは間違いなく、この場を借りて厚く御礼を申し上げたいと思います。

　ひとりで百物語本を刊行するのは、過去にも先達がなかったわけではありませんが、やはりなかなか珍しいケースだろうとは思います。それもこうしたシリーズとして定期的に出すことができるのは非常に稀なことですので、本企画を通していただいている版元さんと担当編集氏には感謝の言葉しかありません。

　今刊を出すにあたって今までとの一番の違いは、やはりコロナ禍での執筆だったことに尽きます。これは私だけではないと思いますが、取材に関してかなり苦労したのは事実で、特に海外の方に取材する際、超常現象《スーパーナチュラル》よりも自国で起きている災厄のほうがよほど恐ろしいといわれることは一度や二度ではありませんでした。

　そのため既刊よりも海外譚は比較的少なめかもしれませんが、こういう状況下ということもあり、何卒ご理解いただけましたら幸いです。

機会があれば（読者の方からそういう声が多ければ）、海外怪談だけで一冊上梓してみたい夢もあることは付記しておきたいと思います。

新型コロナウイルスの影響の大半はマイナスのことばかりですが、ステイホームということで自宅にいることが多く、いつもより筆が進むという面もあるにはありました。

怪談実話は、ただ単に取材した話を右から左へというふうに書くのではなく、読者にわかりやすく提示するため、著者たちは日夜頭を抱えながら執筆しているはずですが、それは自己と対峙する——自分を深く見つめなければできえないことです。

そういう点で、今回の本はいつも以上に作品世界に没入し、艱難辛苦しつつもなんとか形にすることができたのではないかと自負しておりますが、読者の皆様にとってはいかがでしたでしょうか。

全九十九話のなかで少しでも皆様の琴線に触れる話があったのなら、著者にとってこれ以上の喜びはありません。末永くお近くに置いていただき、折に触れ手にとっていただける、そんな本にしていただけましたら嬉しく思います。

長月の夜に　丸山政也

奇譚百物語　鳥葬

2020年11月5日　初版第1刷発行

著者	丸山政也
デザイン	荻窪裕司(design clopper)
企画・編集	中西如(Studio DARA)
発行人	後藤明信
発行所	株式会社 竹書房
	〒102-0072 東京都千代田区飯田橋2-7-3 電話03(3264)1576(代表) 電話03(3234)6208(編集) http://www.takeshobo.co.jp
印刷所	中央精版印刷株式会社

定価はカバーに表示しています。
落丁・乱丁本は当社までお問い合わせ下さい。

ISBN　978-4-8019-2432-1　C0193